快递网点业务操作

主 编 王 梅 周 勇 王玉玺
副主编 郭雯彦 聂宇洲 梁 枭
参 编 陈晓琬 苏 雷 杨美秀

北京理工大学出版社
BEIJING INSTITUTE OF TECHNOLOGY PRESS

版权专有　侵权必究

图书在版编目（CIP）数据

快递网点业务操作 / 王梅，周勇，王玉玺主编. -- 北京：北京理工大学出版社，2025.1.
ISBN 978-7-5763-4696-1

Ⅰ. F618.1

中国国家版本馆 CIP 数据核字第 2025VJ5943 号

责任编辑：陈莉华	文案编辑：李海燕
责任校对：周瑞红	责任印制：施胜娟

出版发行 / 北京理工大学出版社有限责任公司
社　　址 / 北京市丰台区四合庄路 6 号
邮　　编 / 100070
电　　话 /（010）68914026（教材售后服务热线）
　　　　　（010）63726648（课件资源服务热线）
网　　址 / http://www.bitpress.com.cn

版 印 次 / 2025 年 1 月第 1 版第 1 次印刷
印　　刷 / 涿州市新华印刷有限公司
开　　本 / 787 mm×1092 mm　1/16
印　　张 / 13.5
字　　数 / 287 千字
定　　价 / 75.00 元

图书出现印装质量问题，请拨打售后服务热线，负责调换

前 言

在全球经济一体化进程中,快递行业作为连接生产与消费的关键节点,其功能性与战略地位日益凸显。在人民生活水平不断提高、消费者需求多元化发展的今天,快递服务已逐渐演变为日常生活中不可或缺的基础服务。

本书以习近平新时代中国特色社会主义思想为指导,全面贯彻落实党的二十大精神,紧跟时代步伐,紧贴国家发展需求,把握快递行业新发展阶段高质量发展的特点。我们秉持"产教融合"的教学理念,以严谨、科学的态度,组建了由贵州交通职业大学王梅、王玉玺、郭雯彦、聂宇洲、梁枭、苏雷,贵州交通技师学院(贵州省交通运输学校)周勇,以及全程德邦物流有限公司陈晓琬、贵州顺丰速运有限公司杨美秀等校企教师组成的编写团队。在编写过程中,主要遵循以下两条原则:

原则一,借鉴行业、企业先进标准。通过梳理、归纳、总结行业、企业现行标准,结合贵州交通职业大学教学实际,在贵州顺丰速运有限公司支持下,依托校内生产性实训基地"校园快递服务中心"业务流程,设计了丰富的课程实践项目,旨在通过融入真实工作场景中的典型任务要求,培养学生解决问题的综合职业能力和必备的职业素养。

原则二,有机融入课程思政元素。编写过程中,编委会将专业知识与课程思政元素有机融合,旨在通过具体案例分析、理论阐述和丰富的实践活动,培养学生的社会主义核心价值观和职业素养。本书通过选取具有代表性的快递行业案例,展示了企业在危机时刻的社会责任与担当;在探讨快递服务质量提升策略时,引入了快递公司当前在全球范围内实施的标准化服务流程和质量管理体系,强调了国际视野下物流服务质量的重要性。

全书由王梅、周勇老师负责总体构思,郭雯彦老师负责统稿,编写的具体分工如下:情景1由聂宇洲编写;情景2由王梅编写;情景3由陈晓琬、郭雯彦编写;情景4由苏雷编写;情景5由王玉玺编写;情景6由郭雯彦编写。另外,梁枭、杨美秀(贵州顺丰速运有限公司)两位老师承担了在线资源整理工作,在此表示感谢!

前 言

本书配套了贵州省省级在线精品课程，网站为 https://mooc.icve.com.cn/cms/courseDetails/index.htm？cid=kdwgzj052lx759。

本书在编写过程中，参阅了不少同行出版的著作、教材、论文以及网络上部分企业的公开资料，在此表示衷心的感谢！

由于水平有限，本书难免存在疏漏与不足之处，敬请各位同行和读者批评指正。

编委会

目 录

情景1　收派准备 …………………………………………………… 1
　任务1　网点运营基础 ……………………………………………… 3
　任务2　着装及礼仪 ………………………………………………… 10
　任务3　疫情防控 …………………………………………………… 16
　任务4　作业准备 …………………………………………………… 22

情景2　收寄服务 …………………………………………………… 32
　任务1　收寄验视 …………………………………………………… 34
　任务2　运单填写与打印 …………………………………………… 45
　任务3　保价与赔偿 ………………………………………………… 55
　任务4　快递包装 …………………………………………………… 69
　任务5　称重与资费计算 …………………………………………… 88

情景3　派件服务 …………………………………………………… 94
　任务1　到件验收 …………………………………………………… 96
　任务2　到件消杀 …………………………………………………… 106
　任务3　到件入库 …………………………………………………… 115
　任务4　无人车派送 ………………………………………………… 123
　任务5　快件签收 …………………………………………………… 131

情景4　客户服务 …………………………………………………… 137
　任务1　客户服务礼仪 ……………………………………………… 140
　任务2　咨询、查询服务 …………………………………………… 151
　任务3　投诉、索赔处理 …………………………………………… 160
　任务4　异常情况处理 ……………………………………………… 171

情景5　网点管理 …………………………………………………… 179
　任务1　设施设备维护 ……………………………………………… 180
　任务2　成本核算 …………………………………………………… 188

1

目录

情景6　网点数据分析　…………………………………………………… **193**
　　任务1　网点数据分析　……………………………………………　194
　　任务2　网点月度报告　……………………………………………　200

参考文献　………………………………………………………………… **208**

情景 1　收派准备

情景导入

张三毕业之后打算回乡创业，见到学校的快递网点每天业务繁忙，寄件取件的同学络绎不绝，他觉得经营一家快递店是个不错的选择。张三毕业返乡后在亲朋好友的支持下，在当地入住率较高的某小区顺利租下了一个门店开始经营快递业务，但是经营了一段时间后，张三觉得事情并不像他想象的那么顺利。

小区的住户很多，的确为张三的快递网点带来了不少客源，但是人多的同时也意味着业务量的增加，张三一个人完全忙不过来，他不得已又找了一位同学共同经营。但即便是有了一位帮手，张三依然觉得很累，虽然两人全身心扑在取件、寄件、入库、问题件等业务上，但依然忙得不可开交。不服输的张三决定去其他快递网点看看别人是怎么经营的，当他看到隔壁小区的快递网点也同样只有两个人经营，并且经营得井井有条时，他不禁陷入了沉思，到底是哪个环节出了问题，同样是两个人经营，两个小区差不多的入住率，为什么别人的网点能够做到举重若轻，而自己却忙得连吃饭的时间都没有。

思考：

（1）你觉得张三的快递网点在经营方面可能出了什么问题？

（2）你觉得应该如何做好一个快递网点的运营？

知识架构

收派准备知识架构如图 1-1 所示。

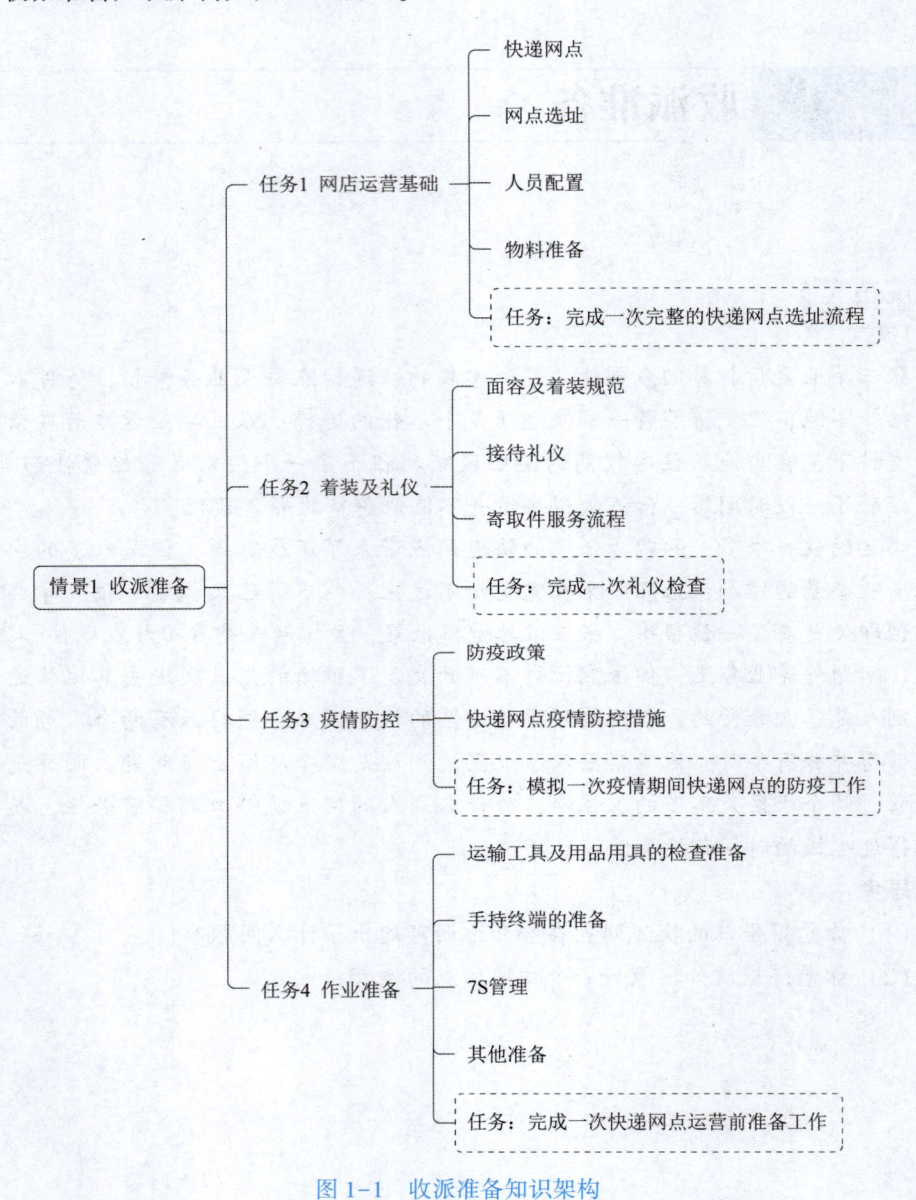

```
情景1 收派准备
├── 任务1 网店运营基础
│   ├── 快递网点
│   ├── 网点选址
│   ├── 人员配置
│   ├── 物料准备
│   └── [任务：完成一次完整的快递网点选址流程]
├── 任务2 着装及礼仪
│   ├── 面容及着装规范
│   ├── 接待礼仪
│   ├── 寄取件服务流程
│   └── [任务：完成一次礼仪检查]
├── 任务3 疫情防控
│   ├── 防疫政策
│   ├── 快递网点疫情防控措施
│   └── [任务：模拟一次疫情期间快递网点的防疫工作]
└── 任务4 作业准备
    ├── 运输工具及用品用具的检查准备
    ├── 手持终端的准备
    ├── 7S管理
    ├── 其他准备
    └── [任务：完成一次快递网点运营前准备工作]
```

图 1-1　收派准备知识架构

任务1 网点运营基础

项目描述

本项目旨在培养学生能够快速完成快递网点选址，并完成快递网点前期运营的准备，保障快递网点的正常运行。

学习目标

1. 知识目标

掌握快递网点的基本概念、分类及职能，了解不同类型网点的特点和运营模式。

2. 能力目标

具备快递网点运营管理的实践能力，包括网点选址、人员配置、设备选型等方面的能力。

3. 素养目标

养成良好的工作习惯，树立创新意识和持续改进的工作理念，关注行业动态，不断提升网点运营水平。

学习内容

一、知识储备

（一）快递网点

快递网点是物流快递企业在单个城市中最小、最基本的操作单位，它负责该城市某一区域内快件的揽收、运输、分拣与派送工作，同时还兼备财务结算、营销、质量控制等功能。

快递网点根据经营形式的不同，可以细分为以下三类：

直营网点：是指企业自行投资建设的网点，主要负责某一片区快件的收取、暂存、基础信息录入和收派人员管理。

加盟网点：是指具备独立法人资格的快递公司或具备快件取、派能力的个人，以契约的形式取得大型快递企业某一片区的代理资格，负责该片区的快件收派工作所设置的网点。

代收网点：在指定区域内以该企业名义受理快件业务的网点，一般是快递企业与酒店、宾馆、超市等组织合作的网点，代收点的业务范围包括：提供受理咨询、代收快件、代收运费、品牌推广和维护。

前文中张三所经营的快递网点是快递的代收网点，与直营或加盟的快递网点相比，代收网点属于快递服务的末端网点，是快递业务的最后一站。代收网点一般不负责快递包裹的中转，且所承接的快递业务不像直营或加盟网点一样局限于单一快递公司。目前市面上常见的快递代收网点为菜鸟驿站。

（二）网点选址

快递网点的选址至关重要，作为网点经营的主要场地，选址直接决定了快递网点业务量的多少，以及经营风险的预期，可以说一个好的选址，直接让快递网点的经营成功一半。作为最常见的快递代收网点，通常情况下，我们主要考虑以下几项选址要求：

地理位置：地理位置主要考虑三个因素，分别是业务量、与中转站的距离、区位中心。就业务量而言，主要考虑所处区域常住人口数量，一般而言常住人口越多，业务量越大，从而网点的经营状态也越理想，但同时也必须考虑同一片经营区域中竞争对手的数量，以及与竞争对手网点的距离。与中转站距离是指快递网点与上级快递中转站的运输距离，一般距离越近收派业务越便利，但是作为快递代收点，上级快递中转站一般是多家快递企业中转网点，可更多地考虑业务量较大的中转网点。区位中心是指快递网点最好位于所服务区域的中心位置，这样区域内客户到达网点所需的时间为最优状态，有利于网点业务量的提升。

场地要求：开展快递代收业务对场地有一定的要求，除了考虑货架的摆放，还需考虑快递车辆卸货的便利性。通常一个快递代收业务点包含以下五个区域：仓储区、车辆停放区、休息区、分拣操作区、办公区域。

交通便利：对于快递代收网点而言，对交通便利性的要求一方面是针对车辆的，快递网点的选址必须考虑快递物流车辆停放、卸货的便利性。另一方面，也需要考虑客户到达快递网点的便利性，以及大件快递包裹取件及运输的便利性。

成本因素：租金、装修费、设备购置费以及运营成本等是选址过程中需要重点考虑的成本因素。要在保证服务质量的前提下，尽量降低运营成本。因此，需要对不同地段的租金水平、装修费用以及潜在运营成本进行权衡和比较，选择性价比高的地点。同时，了解政府对快递代收行业的政策扶持情况，如税收优惠、租金补贴等，有助于降低运营成本并提高盈利能力。

治安环境：良好的治安环境对快递网点的运营至关重要，现在部分快递网点已经开始采用客户自行取件的业务模式，很大程度上减轻了快递代收网点的经营业务压力，但此种业务模式也存在丢件的风险，对网点所在地的治安环境有较高要求。

（三）人员配置

根据快递代收网点的经营业务范畴，可将网点业务岗位作如下划分：

派件员：收取各家快递公司的快递包裹后，完成快递的入库流程，并将快递整理、上架、编码，将快递取件码发送给客户，并协助取件的客户查找快递包裹。

收件员：协助有寄件需求的客户完成寄件业务，正确填写快递单据，并提供给客户准确的快递单号。对寄件包裹进行合理的包装,确保包裹在寄送途中不会损坏。

文员:处理包裹收派业务中的问题件,积极协调客户并妥善处理。处理门店的其他文职工作,如排班、工资核算等。

上述岗位对于快递末端网点而言不一定一岗一人,各网点可以根据自身实际业务量灵活调整,对于业务量不大的网点,也可以一人负责多个业务。

(四)物料准备

快递网点的运营离不开基础的物资和日常消耗的材料。物资一般是指在快递网点运营过程中,在较长时间内(一般为1年)除装修部分外不会损耗的物品,如货架、电脑、高拍仪等固定资产。材料一般指在快递网点运营过程中经常使用的低值易耗品,如快递打包材料。

在快递代收网点运营初期,需考虑配置的物料和材料如表1-1所示。

表1-1 快递网点运营初期所需物料及材料清单

物资名称	数量	备注
货架	按需	数量根据产地仓储区域合理配置
办公电脑	1	
PDA扫码机	2	
工作手机	2	
出库扫描一体机	1	
拆件台及包裹包装回收箱	1	
笼车或拉篮	适量	
各型寄件纸箱	适量	
包装保护填充材料	适量	如珍珠棉等
封箱胶带	适量	

上述物料为快递代收网点基础物料配置清单,随着业务量的增长,可在该清单基础上进行拓展和添购。如派件业务量增加后,仓储区域增加的同时可以配置更多的货架以及办公用电脑,或者寄件业务量较大的网点也可以购置全自动打包机以减轻打包业务压力。

二、计划

(一)目标

完成一次完整的快递网点选址流程。

（二）步骤

网点运营工作步骤如表 1-2 所示。

表 1-2　网点运营工作步骤

步骤序号	工作步骤
1	确定快递网点的业务类型
2	分析选址的地理位置、场地要求、交通便利、性价比、配套设施及治安环境
3	根据选址周边的常住人口数量，配置合理的业务人员
4	准备快递网点业务运营的基本物资及材料

三、执行

（一）执行准备

网点运营执行准备如表 1-3 所示。

表 1-3　网点运营执行准备

物资及设备准备	资料准备
台式电脑、投影仪 某市区片区街道地图	教学课件、项目单、 视频教学资料、网络教学资源等

（二）实施计划表

以团队形式完成计划，并在下表"具体内容"一列中，回答"项目"列的问题。网店运营实施计划表如表 1-4 所示。

表 1-4　网店运营实施计划表

步骤序号	项目	具体内容
1	拟计划开设的快递网点业务类型	
2	选址的地理环境如何	
3	选址需要多大的业务场地	
4	选址的交通便利程度如何	
5	如何了解选址区域的店面租金平均水平？若选址区域店面租金价格过高，如果解决	
6	选址区域的配套设施有哪些	
7	选址区域的治安环境怎样	
8	业务网点需配置的工作人员类型及数量	
9	业务网点需准备的物料种类及数量	

四、检查评估

网店运营分析评价表如表 1-5 所示。

表 1-5　网店运营分析评价表

考核项目	评分标准	分数	扣分值 学生自评	扣分值 小组互评	扣分值 教师评价	扣分理由
团队合作	是否协调	10				
活动参与	是否积极主动	10				
选址信息	选址逻辑是否能支撑快递网点业务类型	20				
工作人员配置合理性	类型及数量配置的合理性	30				
物料配置合理性		30				
总分		100				
学生签名（互评）：				年　月　日		得分：
教师签名：				年　月　日		得分：

五、反思总结

教师带领学生总结本次任务执行过程中遇到的问题，并商讨解决措施。

行业动态

2023 年快递行业发展概况

新华社北京 2024 年 1 月 9 日电（记者戴小河）国家邮政局预计，2023 年我国快递业务量和业务收入分别达 1 320 亿件和 1.2 万亿元，同比分别增长 19.5% 和 14.5%。2023 年邮政快递业积极服务乡村振兴战略，加快健全县乡村寄递服务网络，启动农村寄递物流体系建设三年行动，实施"一村一站"工程，累计建成 1 267 个县级公共寄递配送中心、28.9 万个村级寄递物流综合服务站和 19 万个村邮站。

2024 年行业仍将继续保持稳步上升态势，预计邮政行业寄递业务量和邮政行业业务收入分别完成 1 715 亿件和 1.6 万亿元，增速 6% 左右；快递业务量、业务收入分别完成 1 425 亿件和 1.3 万亿元，增速 8% 左右。

（资料来源：新华社）

课后练习

1. 单选题

(1) 以下哪项不属于常见的快递末端网点（　　）。

A. 快递代收网点

B. 快递直营网点

C. 快递加盟网点

D. 快递总网点

(2) 快递网点选址时一般不考虑以下哪项因素（　　）。

A. 地理位置

B. 受教育水平

C. 成本因素

D. 治安环境

(3) 以下哪项为快递网点运营的非必要物料（　　）。

A. 货架

B. 手机

C. 剪刀

D. 封箱胶带

(4) 关于快递代收网点，以下说法正确的是（　　）。

A. 任何一家快递企业都可以将包裹暂存至快递代收网点

B. 快递代收网点就只有菜鸟驿站一家企业

C. 快递代收网点不可以寄包裹

D. 快递代收网点不能够自行取件

2. 思考题

(1) 假设你入职了情景导入中张三经营的快递代收网点，你会给他提什么建议？

(2) 你觉得你所就读的学校是否适合开设新的快递代收网点，你计划在学校哪个位置开设新店？为什么？

（3）你觉得开店前期还应准备哪些物资和材料？这些物资和材料具体有哪些作用？

（4）李四觉得小区代收网点业务量不大，场地面积小一些也能开展业务，你觉得在实际操作中，场地面积大一些好还是小一些好，为什么？

任务2　着装及礼仪

项目描述

本项目旨在使学生熟悉快递行业着装规范及客户接待礼仪，在日常工作中能够以饱满的精神面貌更好地为客户提供服务，进一步提升门店服务质量及客户服务体验。

学习目标

1. 知识目标

（1）掌握快递网点工作人员着装的基本原则和标准，了解着装要求与搭配技巧。

（2）理解着装与礼仪在快递网点运营中的重要性，以及它们对提升服务质量、塑造企业形象的作用。

2. 能力目标

（1）具备根据快递网点工作特点选择适当着装的能力，能够展现出整洁、专业、得体的形象。

（2）掌握快递网点日常礼仪规范，能够熟练运用礼貌用语、保持微笑服务，提升客户满意度。

（3）能够在遇到客户问题时，运用规范礼仪进行妥善处理，化解矛盾，维护良好的客户关系。

3. 素养目标

（1）培养快递网点工作人员良好的职业形象和职业素养，注重个人仪表和言行举止。

（2）增强快递网点工作人员的服务意识和责任意识，始终以客户需求为导向，提供优质服务。

（3）提升快递网点工作人员的团队协作精神和沟通能力，共同营造和谐、高效的工作氛围。

学习内容

一、知识储备

提供最优质的服务是所有服务类企业共同的目标，对于快递网点而言，良好的客户服务能稳定客户数量，并维持企业和门店形象。但与其他服务类行业又有所不同，快递网点服务的侧重点一方面在于服务响应速度，如快速提供取件信息，快速查找客户包裹等。另一方面也在于更加优质的客户服务体验，如良好的门店环境，统一的店员穿着等。

（一）面容及着装规范

市面上常见的快递网点为保证客户服务质量，均对员工的着装和接待礼仪作了相应规定，其中对于着装和面容的相关要求一般如下（见图1-2）。

图1-2 面容及着装规范示例

面容：面部整洁、干净，面带微笑、保持口腔清洁（无异味）、头发清洁、不留长发、不染发。头发前不掩额，侧不掩耳，后不及领为宜。女士要把头发扎起来，化淡妆。男士需刮净胡须。

手部：不文身、不留长指甲、不涂指甲油，不得佩戴造型、颜色奇异的戒指或饰品，佩戴戒指的数量不要超过一枚。

衣着：着公司统一制服，衣摆束于腰间，皮带扎紧，工牌佩戴于胸前，深色鞋袜、保持鞋面整洁。

（二）接待礼仪

接待客户时，如无特殊情况，一般要求在接到客户服务诉求时5秒内快速响应，服务期间内做到主动、热情、有温度。服务全程要求面带微笑（漏齿），笑容自然，服务热情，并与客户保持眼神交流。

在与客户交流过程中，应注意以下几项内容：

客户需求：当客户提出合理需求时，应答客户时先回答"好的，这就帮你处理"；当客户提出不合理需求时，不使用"不知道""不清楚"等简单回答拒绝或搪塞客户，应耐心为客户解释，保持服务热情，保持眼神交流。

表述语气：与客户沟通交流时，保持正常的语速，语气平和，音量适中，给客户留下良好印象，禁止出现与客户争吵现象；与客户交谈时不双手插胸或手插裤袋。

操作动作：双手递接快件、运单或寄件公司存根联等资料，做到轻拿轻放；将资料正面朝向客户；递笔时不将笔尖对着客户。

谆谆教诲

他人无礼不立，事无礼不成，国无礼不宁。

——荀子

（三）寄取件服务流程

1. 寄件

①客户上门：主动问候并咨询客户来意，并礼貌接待客户。如客户寄件，则按照以下寄件服务操作指引操作。

②引导客户下单：主动指导客户使用微信等自助通道进行下单或填写运单。若派件地址不在代收网点的服务范围内，需向客户解释相关服务标准，并引导客户选择"自取"下单。

③检查单据/证件/快件：根据国家管理规定，向客户讲解身份验证的要求，并检查客户的有效证件。验证完毕，礼貌答谢客户配合。

④称重计费、收款：按照公司制度对客户寄递快件进行称重计费。与客户确认付款方式，并收取运费。如实行自寄/自取优惠的网点，需将优惠信息主动知会客户，收款时减免相应的金额。

⑤收件扫描：快件收取后，及时完成上门收件扫描操作。

⑥与客户道别：服务结束时，需主动与客户道别。引导客户进行服务评价，给好评。

2. 取件

①客户上门：主动问候并咨询客户来意，并礼貌接待客户。如客户取件，则按照以下取件服务操作指引操作。

②咨询客户快件信息：服务人员须使用规范礼仪用语和行为标准询问信息；向客户了解信息（运单号、收方地址等）。

③快件查找：依据单号信息进行快件查找，若件未到达网点，则礼貌向客户解释说明原因，并安抚客户。

④快件信息核实：快件找到后，在交接前需确认客户身份、核实联系方式。提醒客户当面验货（不可体验式验货）。

⑤交件、签收：到付件，参照收件收费要求执行。确认取件快件信息无误后，进行上门派件扫描操作，并勾选"自取件"。将快件交给取件客户，并完成签收和签名。

⑥与客户道别：服务结束时，需主动与客户道别。引导客户进行服务评价，给好评。

二、计划

（一）目标

根据面容及着装规范要求，完成一次礼仪检查。

（二）步骤

着装及礼仪工作步骤如表 1-6 所示。

表 1-6　着装及礼仪工作步骤

步骤序号	工作步骤
1	检查面容、手部、衣着是否符合快递网点相关规范
2	模拟客户上门取件，并按取件服务流程进行接待
3	对接待期间语言行为等礼仪进行复盘分析

三、执行

（一）执行准备

着装及礼仪执行准备如表 1-7 所示。

表 1-7　着装及礼仪执行准备

物资及设备准备	资料准备
网点着装、模拟快递包裹	教学课件、项目单、视频教学资料、网络教学资源

（二）实施计划表

完成计划，并在下表"具体内容"一列中，回答"项目"列的问题。着装及礼仪实施计划表如表 1-8 所示。

表 1-8　着装及礼仪实施计划表

步骤序号	项目	具体内容
1	面容、手部、衣着是否符合快递网点相关规范	
2	接待客户时如何礼貌地接待客户	
3	自己礼仪工作中还存在哪些不足	

四、检查评估

着装及礼仪实施分析评价表如表 1-9 所示。

表 1-9 着装及礼仪实施分析评价表

考核项目	评分标准	分数	扣分值			扣分理由
			学生自评	小组互评	教师评价	
面容	是否符合规范	10				
手部	是否符合规范	10				
衣着	是否符合规范	10				
表述语气	正常的语速,语气平和,音量适中	20				
行为举止	是否得体,不得出现双手插胸或手插裤袋等行为	30				
操作动作	轻拿轻放,符合规范	20				
总分		100				
学生签名(互评):						年　月　日　得分:
教师签名:						年　月　日　得分:

课后练习

1. 单选题

（1）关于快递代收网点的服务接待礼仪，以下说法错误的是（　　）。

A. 现在快递代收网点大多为自取件，不用引导客户取件也行

B. 接到客户服务诉求时需 5 秒内快速响应

C. 头发以前不掩额，侧不掩耳，后不及领为宜

D. 佩戴戒指的数量一般不能超过一枚

（2）关于快递代收网点的服务接待礼仪，以下说法正确的是（　　）。

A. 不穿企业制服工作也可以

B. 工牌上可以粘贴各种卡通贴纸

C. 服务全程需面带微笑，与客户保持眼神交流

D. 客户的包裹不在店内就无须理会

（3）接待客户时，以下哪种行为符合礼仪规范（　　）。

A. 双手抱在胸前

B. 递笔时不将笔尖对着客户

C. 使用"不知道""不清楚"等简单回答搪塞客户

D. 将资料正面朝向自己

2. 思考题

（1）为什么良好的客户服务能够稳定快递网点的客户数量？

（2）你自己遇到过哪些不合理的客户服务行为？你觉得为什么不合理？

（3）李四觉得快递业务只要帮客户及时找到包裹就行，面容衣着等要求无所谓。你赞同他的想法吗？为什么？

（4）什么叫体验式验货？常见于哪种类型的产品？

任务3　疫情防控

项目描述

本项目旨在使学生了解疫情防控期间快递行业的工作流程和防控要求，确保快递网点服务安全、可靠。

学习目标

1. 知识目标

（1）掌握快递网点疫情防控的基本知识。

（2）了解快递网点在疫情防控中的特殊性和重要性，认识到个人在疫情防控中的责任与义务。

2. 能力目标

（1）具备快递网点日常疫情防控的实践能力，包括正确佩戴口罩、勤洗手、保持社交距离等个人卫生习惯的养成。

（2）能够根据疫情防控要求，对快递网点进行定期消毒、通风等防疫措施的执行。

3. 素养目标

（1）培养快递网点工作人员的防疫意识和责任感，确保个人及他人的健康安全。

（2）树立快递网点工作人员的团队协作精神和互助意识，共同应对疫情挑战。

（3）提升快递网点工作人员的应急处理能力和心理素质，面对疫情时能够保持冷静、有序应对。

学习内容

一、知识储备

（一）防疫政策

2022年12月26日，国家卫生健康委发布公告，将新型冠状病毒肺炎更名为新型冠状病毒感染。经国务院批准，自2023年1月8日起，解除对新型冠状病毒感染采取的《中华人民共和国传染病防治法》规定的甲类传染病预防、控制措施；新型冠状病毒感染不再纳入《中华人民共和国国境卫生检疫法》规定的检疫传染病管理。

根据国务院联防联控机制综合组印发的《关于对新型冠状病毒感染实施"乙类乙管"的总体方案》，综合评估病毒变异、疫情形势和我国防控基础等因素，我国已具备将新型冠状病毒感染由"乙类甲管"调整为"乙类乙管"的基本条件。

依据传染病防治法，对新冠病毒感染者不再实行隔离措施，不再判定密切接触者；不再划定高低风险区；对新冠病毒感染者实施分级分类收治并适时调整医疗保障政策；检测策略调整为"愿检尽检"；调整疫情信息发布频次和内容。依据国境卫生检疫法，不再对入境人员和货物等采取检疫传染病管理措施。

实施"乙类乙管"后，我国防控工作目标将围绕"保健康、防重症"，采取相应措施，最大程度保护人民群众生命安全和身体健康，最大限度减少疫情对经济社会发展的影响。

（二）快递网点疫情防控措施

1. 快递网点

①做好口罩、洗手液、消毒剂等防疫物资储备，制订应急工作预案，落实单位主体责任，加强人员健康培训。

②工作人员疫苗接种做到应接尽接，接种疫苗后仍需注意个人防护。建立工作人员健康监测制度，每日对工作人员健康状况进行登记，如出现可疑症状应及时就医。

③在单位入口处对工作人员进行体温检测，对来访人员进行体温检测、扫描场所码、核验健康码并进行登记，正常者方可进入。体温异常者，建议及时就医，就医途中正确佩戴口罩，做好手部卫生。

④加强邮政快递企业营业网点、内部办公区域、室内公共活动区域和员工宿舍区通风换气。如使用集中空调，开启前检查设备是否正常，新风口和排风口是否保持一定距离，对冷却塔等进行清洗，保持新风口清洁；运行过程中以最大新风量运行，加强对冷却水、冷凝水等卫生管理，定期对送风口等设备和部件进行清洗、消毒或更换。

⑤加强办公区域公用物体、设施表面的清洁消毒，分拣转运场所每天对场地进行清洁消毒。

⑥保持邮政快递企业内部环境清洁卫生，垃圾做到"日产日清"。

⑦公共卫生间应干净整洁，确保洗手设施运行正常，并配备洗手液等洗手用品；在人员出入较多的电梯、门口等处配备速干手消毒剂。

⑧加强对运输车辆消毒情况，驾驶员、装卸工人和快递员工作时穿戴工作服、口罩、手套等情况的监督。

⑨工作人员注意个人卫生，戴手套，避免用未清洁的手触摸口、眼、鼻，打喷嚏、咳嗽时用纸巾遮住口鼻或采用肘臂遮挡等。

⑩工作人员休息时避免聚集，尽量减少近距离交谈。

⑪负责入境邮递物品分拣的工作人员应全程戴颗粒物防护口罩，戴一次性手套。其他工作人员戴医用外科口罩或以上防护等级口罩。口罩弄湿或弄脏后，及时更换。

⑫通过海报、电子屏和宣传栏等加强新冠肺炎防控知识宣传。

⑬当出现新冠肺炎确诊病例、疑似病例和无症状感染者时，在当地疾病预防控

制机构的指导下，对相关场所进行终末消毒，同时对空调通风系统进行清洗和消毒处理，经卫生学评价合格后方可重新启用。

2. 快递员

①保持工作服干净整洁，定期清洗消毒。

②工作期间每日进行自我健康监测，若出现发热、咳嗽等可疑症状时，须报告单位并及时就医。应接种疫苗，接种疫苗后仍需注意个人防护。

③注意个人卫生，戴口罩，戴手套，避免用未清洁的手触摸口、眼、鼻，打喷嚏、咳嗽时用纸巾遮住口、鼻或采用肘臂遮挡等。

④邮件快件运送过程中，无近距离接触他人情况下可不佩戴口罩。

⑤尽量采用非接触方式如使用智能快件箱（信包箱）完成邮件快件收发。工作期间全程佩戴医用外科及以上级别口罩。口罩弄湿或弄脏后，及时更换。

⑥乘坐厢式电梯时须戴口罩并注意与他人保持一定的安全距离。

⑦患有呼吸道疾病期间，尽量减少外出，如需外出，应正确佩戴口罩，做好手卫生。

⑧减少参加聚餐、聚会等活动，减少前往封闭、空气不流通的公共场所和人员密集的场所。

二、计划

（一）目标

模拟疫情期间快递网点的防疫工作。

（二）步骤

疫情防控工作步骤如表1-10所示。

表1-10 疫情防控工作步骤

步骤序号	工作步骤
1	防疫着装规范
2	场地消杀
3	到件消杀
4	防疫物资检查

三、执行

（一）执行准备

疫情防控执行准备如表1-11所示。

表 1-11　疫情防控执行准备

物资及设备准备	资料准备
防疫物资	教学课件、项目单、视频教学资料、网络教学资源

（二）实施计划表

完成计划，并在下表"具体内容"一列中，回答"项目"列的问题。疫情防控实施计划表如表 1-12 所示。

表 1-12　疫情防控实施计划表

步骤序号	项目	具体内容
1	防疫着装与正常工作着装有何不同	
2	场地消杀应如何开展	
3	到件消杀有什么注意事项	
4	应检查哪些防疫物资	

四、检查评估

疫情防控分析评价表如表 1-13 所示。

表 1-13　疫情防控分析评价表

考核项目	评分标准	分数	扣分值 学生自评	扣分值 小组互评	扣分值 教师评价	扣分理由
防疫着装	是否符合规范	20				
场地消杀	是否全面覆盖并登记记录	20				
到件消杀	是否全面覆盖并静置到件包裹	30				
防疫物资检查	易耗品数量是否核对准确，防疫设备是否正常工作	30				
总分		100				
学生签名（互评）：			年　月　日			得分：
教师签名：			年　月　日			得分：

课后练习

1. 判断题

（1）现在新冠已实施"乙类乙管"，不用再注意快递网点的消杀工作。（   ）

（2）反正快递中转站会开展包裹消杀工作，网点工作人员不做防护也可以。（   ）

（3）工作业务量太大，就算出现了新冠感染症状，也应带病坚持上班。（   ）

（4）与客户面对面接触时，应佩戴好口罩。（   ）

（5）邮件快件运送过程中，无近距离接触他人情况下可不佩戴口罩。（   ）

（6）保持邮政快递网点内部环境清洁卫生，垃圾做到"日产日清"。（   ）

（7）工作人员休息时避免聚集，尽量减少近距离交谈。（   ）

（8）保持工作服干净整洁，定期清洗消毒。（   ）

（9）每天工作前都应及时测量工作人员的体温，若体温异常，应下班后及时就医。（   ）

（10）打喷嚏、咳嗽时用纸巾遮住口、鼻或采用肘臂遮挡等。（   ）

2. 思考题

（1）李四觉得新冠已归类于乙类乙管传染病，今后工作不用再留意疫情防控问题，你赞同他的想法吗？为什么？

（2）什么叫作"非接触式配送"？快递代收网点如何做到"非接触式配送"？

（3）你觉得是否应当带病上班，为什么？

（4）非疫情期间，快递网点的垃圾"日产日清"你觉得是否还应继续保持，为什么？

政策文件

国家邮政局关于落实新型冠状病毒感染"乙类乙管"总体方案做好邮政快递疫情防控和服务保障工作的通知，国邮电传〔2023〕1号

链接：
https：//www.spb.gov.cn/gjyzj/c200040/202301/69b550740e2043af9682e8823548db54.shtml

任务4　作业准备

项目描述

本项目旨在使学生熟悉快递网点开始服务前的各项准备工作，清楚各快递工具的检查要点，并熟悉7S管理相关内容和执行标准，能够熟练将7S管理用于快递网点日常管理，提升快递网点工作效率。

学习目标

1. 知识目标

（1）掌握快递网点作业准备的基本内容和步骤，了解作业准备的重要性和必要性。

（2）熟悉快递网点作业所需的设备、工具及使用方法，以及作业环境的准备要求。

（3）熟悉快递网点实施7S管理的具体方法和步骤，了解如何在实际工作中有效应用7S管理。

2. 能力目标

（1）具备快递网点作业准备的能力，能够按照要求完成设备检查、工具准备、环境整理等任务。

（2）能够正确、快速地完成快递网点作业前的各项准备工作，提高作业效率。

（3）能够独立完成整理、整顿、清洁等工作，营造整洁有序的工作环境，优化快递网点的业务流程和操作规范。

3. 素养目标

（1）培养快递网点工作人员的作业准备意识和责任心，确保每次作业都能充分准备、顺利进行。

（2）树立快递网点工作人员的安全意识和规范操作意识，确保作业过程的安全与规范。

（3）提升快递网点工作人员的团队协作和沟通能力，促进作业准备过程中的相互协作与配合。

学习内容

一、知识储备

（一）运输工具及用品用具的检查准备

1. 车辆检查要点

①车辆外观。有无明显破损，有无有碍安全的漏洞，四门能否关牢、锁死。

②车辆内部。车厢内是否清洁，防止污染快件。

③行车安全。查看轮胎的胎面是否有鼓包、裂纹、切口、刺穿、过分磨损等情况；检查制动系统，看看制动距离是否正常；发动机运转是否良好，火花塞点火是否正常；机油、刹车油、冷却剂是否足量，刹车油、助力转向液、齿轮油、电解液、玻璃清洁液也是必须带上的。

④检查车中的各种胶接零件有无松动，车子的照明灯、信号、喇叭、门锁、玻璃升降器手柄是否还能正常使用。

⑤配套工具。简单修理工具，备用轮胎。

2. 手推车检查要点

常见手推车类型如表1-14所示。

表1-14 常见手推车类型

手推车类型	优点	缺点	图片
不锈钢平板车	承载能力强，抗腐蚀性强、耐磨性好、使用寿命长，便于清洁	自重较重，价格较高	
铝制平板车	自重较轻、抗腐蚀较强，便于清洁，使用寿命相对较短	承重能力一般，移动时噪声较大	
铁板平板车	价格相对较低，不便于清洁，耐磨性较弱，使用寿命较短	自重较重，承重能力较强，抗腐蚀能力较弱，移动时噪声较大	
铁制手推车	自重较重，价格较低，承重能力很强，使用寿命长	平板有空隙，不利于体积小快件的运送；抗腐蚀能力较弱，移动时噪声较大	

续表

手推车类型	优点	缺点	图片
窄板手推车	重量轻，可伸缩，携带方便，使用时噪声小	平板小，不利于体积小快件的运送	

①扶手是否完好，左右摇动是否松动。
②平板部分是否完好，承载能力是否满足所装运的快件的总重量。
③脚轮是否可灵活移动，刹车轮是否能正常使用。
④表面是否清洁，若有污物，需清洁其表面，避免污染快件。

（二）手持终端的准备

1. 手持终端检查要点

①电量是否充足，如果电量不足，一般会自动提示。
②是否打开条码识别功能。
③是否能正常读取条码信息。
④按键是否灵敏、正确。
⑤显示屏是否正常显示扫描信息。
⑥采集器通信接口是否清洁、有杂物。
⑦运行程序和速度是否正常。
⑧对于实时上传的采集器能否实时上传。
⑨历史数据是否上传且删除。

2. 手持终端日常维护与保养知识

①避免剧烈摔碰、挤压，远离强磁场。
②注意防潮、防湿，通信口避免杂物进入。
③电池电力不足时，应及时充电。
④当用户程序不能正常运行，应重新设置系统程序及应用程序。
⑤不要擅自拆卸设备，若出现故障应与相关技术人员联系。

网点作业工具准备

（三）7S 管理

1. 7S 内容、要点及原则

7S 管理起源于日本，是指在生产现场对人员、机器、材料、方法、信息等生产要素进行有效管理，包含整理（Seiri）、整顿（Seiton）、清扫（Seiso）、清洁（Seiketsu）、素养（Shitsuke）、安全（Safety）、节约（Save）七项内容。7S 内容、要点及原则如表 1-15 所示。

表 1-15 7S 内容、要点及原则

7S	定义	要点	原则
整理	把要与不要的人、事、物分开，再将不需要的人、事、物加以处理，目的是增加作业面积，保障物流畅通，防止误用等	对快递网点内部的现实摆放和停滞的各种物品进行重要度分类；将不需要的物品清理出生产现场；彻底搜寻和清理快递网点内部，达到现场无不用之物	改善和增加作业面积；现场无杂物，行道通畅，提高工作效率；消除管理上的混放、混料等差错事故；有利于减少库存、节约资金
整顿	把需要的人、事、物加以定位、定量，目的是使工作场所整洁明了，一目了然，减少取放物品的时间，提高工作效率，保持井井有条的工作秩序区	通过前一步整理后，对快递网点需要留下的物品进行科学合理的布置和摆放，以便用最快的速度取得所需之物，在最有效的规章、制度和最简捷的流程下完成作业	定位、定品、定量
清扫	把工作场所打扫干净，设备异常时马上修理，使之恢复正常，目的是使员工保持一个良好的工作情绪，并保证稳定产品的品质，最终达到生产零故障和零损耗	必须按照决定清扫对象、清扫人员、清扫方法，准备清扫器具，实施清扫的步骤实施，方能真正起到作用	自行清理；重视设备日常维护，与设备点检结合起来；随时发现，随时清扫
清洁	整理、整顿、清扫之后要认真维护，使现场保持完美和最佳状态。清洁，是对前三项活动的坚持与深入，从而消除发生安全事故的根源。创造一个良好的工作环境，使职工能愉快地工作	使整理、整顿和清扫工作成为一种惯例和制度，是标准化的基础，也是一个企业形成企业文化的开始	坚持"3不要"的原则——不要放置不用的东西，不要弄乱，不要弄脏；不仅物品需要清洁，现场工人同样需要清洁；工人不仅要做到形体上的清洁，而且要做到精神的清洁

续表

7S	定义	要点	原则
素养	努力提高人员的素养，养成严格遵守规章制度的习惯和作风，这是"7S"活动的核心。抓"7S"活动，要始终着眼于提高人的素质	通过素养让员工成为一个遵守规章制度，并具有一个良好工作素养习惯的人	努力提高人员的素养，养成严格遵守规章制度的习惯和作风
安全	清除隐患，排除险情，预防事故的发生	保障员工的人身安全，保证生产连续安全正常的进行，同时减少因安全事故而带来的经济损失	维护人身与财产不受侵害，以创造一个零故障，无意外事故发生的工作场所
节约	对时间、空间、能源等方面合理利用，以发挥它们的最大效能，从而创造一个高效率的、物尽其用的工作场所	节约是对整理工作的补充和指导	在我国，由于资源相对不足，更应该在企业中秉持勤俭节约的原则

2. 7S管理在网点的运用

整理：作为包裹物流服务的最终端，快递代收网点在整理的管理上更多侧重物的管理，主要需做到以下几点：

（1）清晰划分作业区域。

（2）快递包裹按大小、类型、日期等统一按区域上架码放。

（3）及时清理货架仓储区域。

（4）包裹及物资等不得阻挡各通道正常通行。

整顿：整顿活动的目的是使工作场所整洁明了，一目了然，减少取放物品的时间，提高工作效率。

（1）所有上架快递包裹均需按编号规则进行编号，并且编号朝外摆放。

（2）快递包装材料等耗材及其他易耗品需按区域集中摆放。

（3）寄取件区域须有明显引导标识。

（4）寄取件须有明显的操作指引。

清扫：把快递代收网点打扫干净。

（1）确保网点垃圾日清。

（2）确保快递包裹回收箱每天清理。

（3）定期对网点地面、桌面、货架等易积灰区域开展清扫作业。

清洁：整理、整顿、清扫之后要认真维护，使现场保持完美和最佳状。

（1）每天按卫生排班完成网点的基础卫生维护工作。

（2）检查区域划线、引导标识等是否有脱落或损坏，并及时维护。

（3）每天对工作区域开展环境消杀。

素养：努力提高网点工作人员的素养，养成严格遵守规章制度的习惯和作风。
（1）严格网点排班与考勤机制。
（2）定期开展工作人员的业务技能培训。
（3）根据代收网点企业工作制度开展日常工作绩效考核。

安全：清除隐患，排除险情，预防事故的发生。
（1）日常检查代收网点的水电安全。
（2）每天离店时需关水关电，但监控系统需确保正常运行。
（3）工作开始前检查手持终端、手机等电子设备是否正常运行。
（4）每天检查口罩、手套等防护用具消耗及存量情况。

节约：就是对时间、空间、能源等方面合理利用，以发挥它们的最大效能。
（1）确保每天网点营业时间符合公司相关规定。
（2）根据网点实际情况合理安排包裹货架数量、间隔、高度等。
（3）合理使用包裹外包装等耗材。
（4）对回收的包裹包装进行二次利用。

3. 现场管理的调整策略

做任何工作都应有它基本应该遵循的规律，7S 管理策略也不例外。7S 管理策略虽然能给企业的运营提供很多的参考和切实有效的建议，但依然也要遵循企业管理的基本客观规律，不能好大喜功。很多企业一开始推行 7S 管理策略的时候，因为 7S 更多提到环境的优美，所以大家往往就以美观为终极目标，第一时间就去研究怎么漂亮，最后导致的结果就是"中看不中用"的尴尬结局。为避免此类情况的发生，7S 策略还应根据各行业实际情况，在现场管理的过程中进行策略的调整，通常 7S 现场管理的调整策略有四个，效率化原则、持久性原则、美观原则、人性化原则。

（四）其他准备

除上述内容外，下列物品也应在正式作业之前准备完成：
（1）个人证件。是向客户证明身份的证件，主要包括工牌（工作证）、居民身份证、驾驶证、行驶证等。
（2）美工刀或剪刀。主要用于快递包裹的拆解。
（3）圆珠笔。用于客户填写相关信息。
（4）记号笔。用于包裹外包装信息标注。
（5）雨布或防雨帐篷。用于快递包裹防雨，或临时物资存放。
（6）框车或拉篮。防止运输途中散落，保护快件安全。
（7）门店卫生。应保持网点门店良好的卫生状况，确保每天运营开始之前垃圾日清，门店干净整洁，并按照当地卫生主管部门要求完成门店防疫准备工作。

谆谆教诲

谋先事则昌，事先谋则亡。　　　　　　　　　　　　——（汉）刘向

> **素质提升**

7S管理的核心价值观，即整洁有序、高效安全、节约环保，应融入到日常网点工作中，7S管理不仅是提升工作效率和服务质量的工具，更是一种积极向上的工作态度和生活方式。在日常工作中，应积极遵循诚信、敬业、创新的原则，为社会和客户提供更加优质的服务。快递网点工作人员通过共同参与7S管理活动，能进一步提升工作成就感，增强同事间的凝聚力和向心力。

二、计划

（一）目标

模拟完成一次快递网点运营前的准备工作。

（二）步骤

作业准备工作步骤如表1-16所示。

表1-16　作业准备工作步骤

步骤序号	工作步骤
1	个人仪容仪表检查
2	运输工具的检查
3	相关设备的检查
4	门店环境的检查

三、执行

（一）执行准备

作业准备执行准备如表1-17所示。

表1-17　作业准备执行准备

物资及设备准备	资料准备
快递运输工具、快递相关设备	教学课件、项目单、视频教学资料、网络教学资源

（二）实施计划表

完成计划，并在下表"具体内容"一列中，回答"项目"列的问题。作业准备实施计划表如表1-18所示。

表1-18　作业准备实施计划表

步骤序号	项目	具体内容
1	个人仪容仪表应检查哪些内容	
2	所在快递网点有哪些运输工具？分别应怎样开展检查工作	
3	快递网点有哪些设备？分别应怎样开展检查工作	
4	门店环境检查应注意哪些问题	

四、检查评估

作业准备分析评价表如表1-19所示。

表1-19　作业准备分析评价表

考核项目	评分标准	分数	扣分值 学生自评	扣分值 小组互评	扣分值 教师评价	扣分理由
个人仪容仪表检查	是否符合规范	10				
运输工具的检查	是否全面	20				
设备的检查	是否全面	20				
门店卫生检查	是否全面仔细	20				
检查安排	是否设立值班检查安排表等	30				
总分		100				
学生签名（互评）：			年　月　日			得分
教师签名：			年　月　日			得分

情景1　收派准备

课后练习

1. 判断题

(1) 包裹顾客自己会拿回家拆,不用准备拆包裹的工具。(　　)

(2) 穿便服工作也可以。(　　)

(3) 现在基本都是电子面单,不用常备圆珠笔。(　　)

(4) 应时时保持门店卫生干净整洁。(　　)

(5) 手持终端出故障可以自行拆解修理。(　　)

2. 思考题

(1) 你觉得快递代收网点门店的作业准备工作应该在运营当天开门前开始,还是应该在前一天关门后开始,为什么?

(2) 你觉得良好的作业准备工作能够给快递代收网点的运营带来什么好处?

(3) 你觉得网点环境卫生的维护工作应该在运营当天开门前开始,还是应该在前一天关门后开始,为什么?

(4) 快递代收网点有哪些常见的辅助运输工具?这些运输工具应如何管理?

行业动态

《快递市场管理办法》3月1日起施行

交通运输部公布新修订的《快递市场管理办法》，自2024年3月1日起施行。修订后的《办法》重点在加强快递服务行为规制、强化市场秩序管理要求、严格快递运单及码号管理规定等七个方面作出调整。其中规定，保障快件安全，防止快件丢失、损毁、内件短少，不得抛扔、踩踏快件；未经用户同意，不得代为确认收到快件，不得擅自将快件投递到智能快件箱、快递服务站等快递末端服务设施等。

（资料来源：光明网）

根据7S管理的实施原则，以小组为单位开展一次快递网点的现场检查工作，并收集各组同学的整改意见。

情景 2　收寄服务

情景导入

暖心毕业季，快递中心宿舍收寄行李

又逢毕业季，几千余名顶岗实习学生即将离校进入实习岗位。通过了解，同学们行李及随身物品较多，寄送存在实际困难，为切实帮助同学们解决困难，物流工程将快递服务推到最前沿，在寝室楼下提供快递代收服务。快递中心有计划、分步骤地开展此次行李寄送工作，将行李分类打包、寄送和存储。校园快递收寄现场如图2-1所示。

图2-1　校园快递收寄现场

思考：
(1) 毕业季收寄学生行李的过程中，哪些物品是不可以快递的？
(2) 毕业季同学们的行李如何才能更好地打包？
(3) 毕业季同学们的行李如何进行称重和计费？

知识架构

收寄服务知识架构如图 2-2 所示。

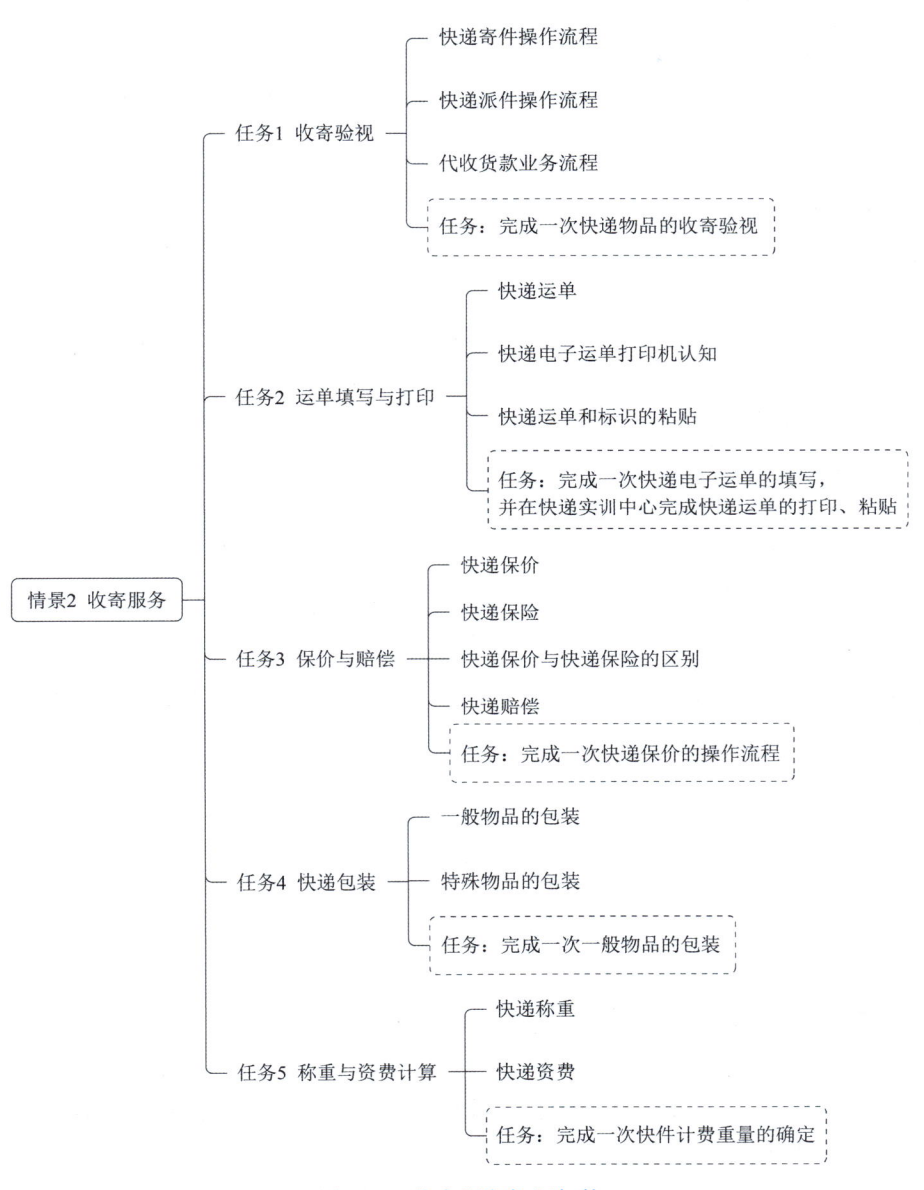

情景2 收寄服务
- 任务1 收寄验视
  - 快递寄件操作流程
  - 快递派件操作流程
  - 代收货款业务流程
  - 任务：完成一次快递物品的收寄验视
- 任务2 运单填写与打印
  - 快递运单
  - 快递电子运单打印机认知
  - 快递运单和标识的粘贴
  - 任务：完成一次快递电子运单的填写，并在快递实训中心完成快递运单的打印、粘贴
- 任务3 保价与赔偿
  - 快递保价
  - 快递保险
  - 快递保价与快递保险的区别
  - 快递赔偿
  - 任务：完成一次快递保价的操作流程
- 任务4 快递包装
  - 一般物品的包装
  - 特殊物品的包装
  - 任务：完成一次一般物品的包装
- 任务5 称重与资费计算
  - 快递称重
  - 快递资费
  - 任务：完成一次快件计费重量的确定

图 2-2　收寄服务知识架构

任务 1　收寄验视

项目描述

本项目旨在培养学生能够公平、公正、无所畏惧的识别禁限寄物品，并做出相应处置的能力。

学习目标

1. 知识目标

（1）通过本任务的学习，使学生了解快递收寄验视的知识、标准。

（2）使学生掌握禁寄物品、限寄物品的含义和类型。

2. 能力目标

（1）通过对不同物品的识别，使学生能够准确区分出禁限寄物品。

（2）掌握禁限寄物品的处置措施，以及限寄物品的邮寄方法。

3. 素养目标

（1）通过本任务的学习，使学生掌握我国的禁限寄物品，提高学生学法守法的意识，强化学生爱国意识。

（2）通过对物品被禁限寄的原因认识和理解，培养学生珍爱生命、尊重人权的意识。

学习内容

一、知识储备

（一）快递寄件操作流程

1. 客户寄件方式

快递寄件服务流程图如图2-3所示。

电话预约：客户通过拨打快递员或客服中心的电话预约上门取件，快递员接收到预约后上门取件。

网上下单：客户通过客户端软件、微信公众号、网站等下单渠道在网上下单，快递员根据系统指派的客户订单上门取件。

网点寄件：客户通过快递平台或其他渠道获取网点地址信息，自行到快递网点寄件，快递员在快递网点为客户完成寄件服务。

邮政快递寄件操作流程

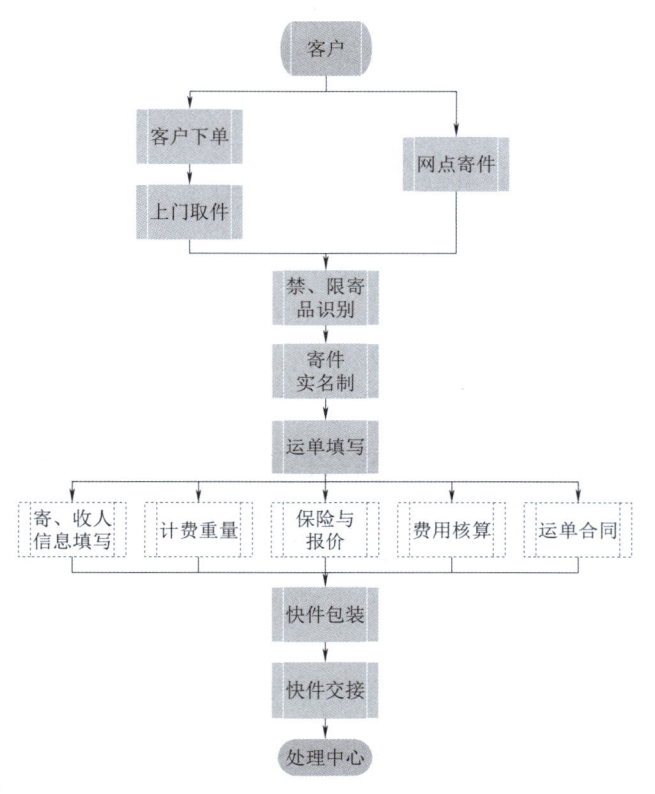

图 2-3　快递寄件服务流程图

2. 寄递物品禁、限寄品识别

禁寄物品是指国家法律、法规禁止寄递的物品，主要包括：

（1）各类武器、弹药。如枪支、子弹、炮弹、手榴弹、地雷、炸弹等。

（2）各类易爆炸性物品。如雷管、炸药、火药、鞭炮等。

（3）各类易燃烧性物品，包括液体、气体和固体。如汽油、煤油、桐油、酒精、生漆、柴油、气雾剂、气体打火机、瓦斯气瓶、磷、硫黄、火柴等。

（4）各类易腐蚀性物品。如火硫酸、盐酸、硝酸、有机溶剂、农药、双氧水、危险化学品等。

（5）各类放射性元素及容器。如铀、钴、镭、钚等。

（6）各类烈性毒药。如铊、氰化物、砒霜等。

（7）各类麻醉药物。如鸦片（包括罂粟壳、花、苞、叶）、吗啡、可卡因、海

情景 2　收寄服务　35

洛因、大麻、冰毒、麻黄素及其他制品等。

（8）各类生化制品和传染性物品。如炭疽、危险性病菌、医药用废弃物等。

（9）各种危害国家安全和社会政治稳定以及淫秽的出版物、宣传品、印刷品等。

（10）各种妨害公共卫生的物品。如尸骨、动物器官、肢体、未经硝制的兽皮、未经药制的兽骨等。

（11）国家法律、法规、行政规章明令禁止流通、寄递或进出境的物品，如国家秘密文件和资料、国家货币及伪造的货币和有价证券、仿真武器、管制刀具、濒危野生动物及其制品等。

（12）包装不妥，可能危害人身安全、污染或者损毁其他寄递件、设备的物品等。

（13）各寄达国（地区）禁止寄递进口的物品等。

（14）其他禁止寄递的物品。

限寄物品：指国家规定的限制流通或实行特许经营的物品，如烟酒等进行限量快递的物品。使用国家快递时，要遵守收寄国、寄达国和中转国的相关禁限寄规定。

禁寄品、限寄品处理方法　　禁寄品种类列举　　限寄品种类列举

3. 快递寄件实名制

（1）快递寄递实名制规定。

2015年11月1日，国家邮政总局要求快递行业实现快递寄递实名制，即寄快件需要寄件人出示身份证、登记个人信息，然后快递业务员将寄件人身份证号码和手机号录入电脑中一个公安部门安装的特殊软件。目前全国已经全面实施快递寄递实名制。

2018年10月22日，国家邮政局出台了《邮件快件实名收寄管理办法》，要求邮政企业、快递企业、经营邮政通信业务的企业应当执行实名收寄，在收寄邮件、快件时，要求寄件人出示有效身份证件，对寄件人身份进行查验，并登记身份信息。

（2）快递实名制操作相关要求。

①寄件人如实填写邮件详情单、快递运单等寄递详情单。

②除信件和已签订安全协议用户交寄的邮件、快件外，寄递企业收寄邮件、快件时，应当核对寄件人在寄递详情单上填写的个人身份信息与有效身份证件信息。信息核对一致后，寄递企业记录证件类型与证件号码，但不得擅自记录在寄递详情单上。

③寄递企业采取与用户签订安全协议方式收寄邮件、快件的，应当一次性查验寄件人的有效身份证件，登记相关身份信息，留存有效身份证件复印件。寄件人为

法人或者其他组织的，寄递企业应当核对、记录其统一社会信用代码，留存法定代表人或者相关负责人的有效身份证件复印件。

④寄递企业应当将安全协议以及用户身份信息保存至协议终止后不少于1年，并将与其签订安全协议的用户名单送邮政管理部门备案。

⑤对委托他人交寄邮件、快件的，寄递企业应当核对、记录委托方和受托方的有效身份证件信息。

⑥寄递企业应当使用符合国家有关要求的实名收寄信息系统，与国家实名收寄信息监管平台联网，及时收集、录入、报送实名收寄信息，并确保有关信息数据的真实、准确、完整。

（3）快递实名制实施存在的挑战。

①快递企业为节约成本，提高业务量，拒绝实施快递实名制。

②无法保证所有快递都能实现实名制。

③监管机制不完善，信息系统监管需加强。

④寄件人担心私人信息泄露，拒绝配合快递实名制的实施。

| 快递企业实名制遇到的问题 | 快递实名制的措施 | 快递实名制的原因 |

（二）快递派件操作流程

派件是指依据客户所发出货物运送到第三方或是指定的地点，快递公司（物流公司）通过物流网送到第三方或是指定的地点的过程。简单地说就是把货物送到第三方或是指定的地点。对于快递代收网点而言，派件业务大多为顾客上门取件，派件作业流程如图2-4所示。

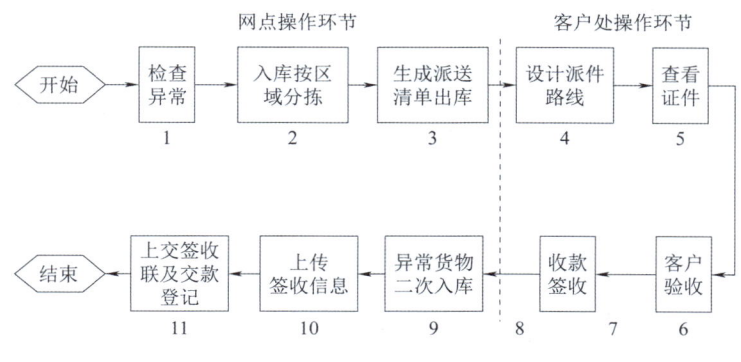

图2-4 派件作业流程

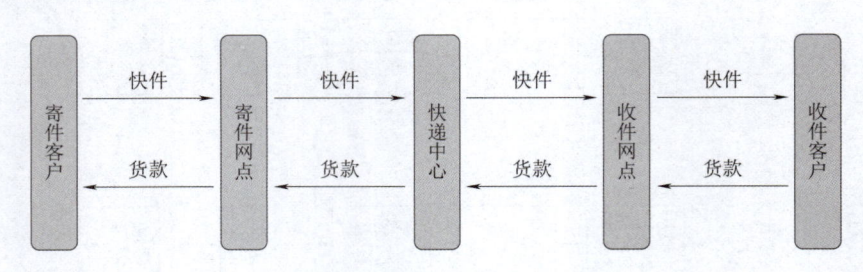

（三）代收货款业务流程

1. 代收货款业务

代收货款业务，是快递企业综合利用现有条件和优势，为适应市场需要而推出的一项新的快递延伸服务项目，是快递企业为各类邮购公司、电子商务公司、电视直销商、商贸企业、金融机构等单位提供的快速传递实物、代收货款或其他款项（以下统称代收货款）并代为统一结算的一种特殊服务。

只有在使用代收货款业务的供货商（签约公司）与快递企业（签约快递企业）签订使用代收货款业务的合同后，才可以使用快递企业提供的代收货款业务。根据合同规定，签约公司将客户定购的商品、货物交付快递企业寄递，在快递企业人员上门投递的同时，代签约公司向客户收取货款，签约快递企业在合同约定时期内，将代收的货款定期结算给签约公司。

根据合同规定，签约公司对交给签约快递企业投递的商品和货物负全面责任，并应向客户承诺，商品和货物的质量若存在问题，保证无条件退换。签约快递企业保证商品和货物在传递过程中的完好，若商品和货物在传递过程中发生损坏，签约快递企业要承担相应责任，并应当按照合同约定，按期将代收的货款结算给签约公司。

2. 代收货款业务的特点

①投递代收货款快件，快递企业按件收取一定的投递代收服务费（未投出的快件一般不收取服务费），一般由快递企业在代收的货款中扣除。

②代收货款业务能帮助使用该项业务的商家快速拓展产品销售网络和渠道，最大限度地满足不同地区顾客的购物需求，尤其是对一些小规模的公司拓展销售渠道十分有利。

③代收货款业务可以降低消费者和商家的购销风险，激发消费者的购物热情，让消费者足不出户就可以购买到自己心仪的本地、异地（国内和国际）的商品。代收货款业务流程如图2-5所示。

图2-5 代收货款业务流程

二、计划

（一）目标

分组完成快递物品的收寄验视。

（二）步骤

收寄验视步骤如表 2-1 所示。

表 2-1 收寄验视步骤

步骤序号	工作步骤
1	分组，每组 3~4 人
2	验视内件，确保托寄物品尺寸和重量符合收寄要求，保证托寄物品完好
3	确保托寄物品不属于限制收寄以及禁止收寄物品
4	确认托寄物品价值不超出公司规定
5	确认托寄物品品名、数量
6	验视用户身份证件及邮寄物品应附证件信息
7	加盖验视章

三、执行

顺丰公司收寄标准查询工作台如图 2-6 所示。

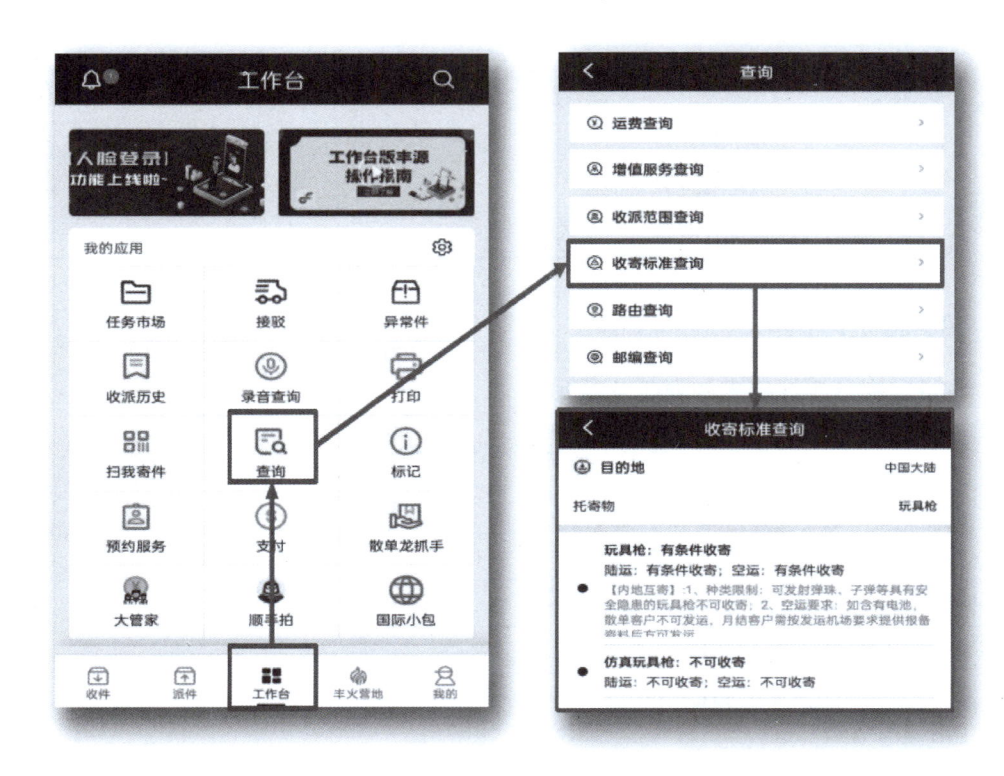

图 2-6 顺丰公司收寄标准查询工作台

(一)执行准备

收寄验视执行准备如表 2-2 所示。

表 2-2　收寄验视执行准备

场地准备	备件准备	资料准备
快递操作实训室	待验视物品（内附各种物品图片）、验视章、笔	教学课件、项目单、记录表、视频教学资料、网络教学资源、评分表

(二)实施计划表

完成计划，并在下表"具体内容"一列中，回答"项目"列的问题。收寄验视实施计划表如表 2-3 所示。

表 2-3　收寄验视实施计划表

步骤序号	项目	具体内容
1	内件邮寄物品名称	
2	物品是否完好	
3	是否禁限寄品	
4	禁止寄递的原因	
5	限寄物品允许邮寄的条件	
6	价值是否符合公司规定	
7	随附证件是否齐全	

四、检查评估

收寄验视分析评价表如表 2-4 所示。

表 2-4　收寄验视分析评价表

考核项目	评分标准	分数	扣分值 学生自评	扣分值 小组互评	扣分值 教师评价	扣分理由
团队合作	是否协调	10				
活动参与	是否积极主动	10				
判断是否正确	是否准备判断内件性质	15				
禁限寄知识应用	物品禁限寄原因是否正确	15				

续表

考核项目	评分标准	分数	扣分值			扣分理由
			学生自评	小组互评	教师评价	
操作过程	是否标准、规范	20				
工单填写	是否完整、规范	10				
劳动纪律	是否严格遵守	10				
现场5S	是否做到	10				
	总分	100				
学生签名（互评）：			年	月	日	得分：
教师签名：			年	月	日	得分：

五、反思总结

在本任务的学习过程中，遇到了哪些困难？这些困难是如何解决的？

六、知识链接

《禁止寄递物品管理规定》第十一条，寄递企业完成收寄后发现禁寄物品或者疑似禁寄物品的，应当停止发运，立即报告事发地邮政管理部门，并按下列规定处理：

①发现各类枪支（含仿制品、主要零部件）、弹药、管制器具等物品的，应当立即报告公安机关。

②发现各类毒品、易制毒化学品的，应当立即报告公安机关。

③发现各类爆炸品、易燃易爆等危险物品的，应当立即疏散人员、隔离现场，同时报告公安机关。

④发现各类放射性、毒害性、腐蚀性、感染性等危险物品的，应当立即疏散人员、隔离现场，同时视情况报告公安、环境保护、卫生防疫、安全生产监督管理等部门。

⑤发现各类危害国家安全和社会稳定的非法出版物、印刷品、音像制品等宣传品的，应当及时报告国家安全、公安、新闻出版等部门。

⑥发现各类伪造或者变造的货币、证件、印章以及假冒侵权等物品的，应当及时报告公安、工商行政管理等部门。

⑦发现各类禁止寄递的珍贵、濒危野生动物及其制品的，应当及时报告公安、野生动物行政主管等部门。

⑧发现各类禁止进出境物品的，应当及时报告海关、国家安全、出入境检验检疫等部门。

⑨发现使用非机要渠道寄递涉及国家秘密的文件、资料及其他物品的，应当及

时报告国家安全机关。

⑩发现各类间谍专用器材或者疑似间谍专用器材的,应当及时报告国家安全机关。

⑪发现其他禁寄物品或者疑似禁寄物品的,应当依法报告相关政府部门处理。

✈ 谆谆教诲

非规矩不能定方圆,非准绳不能正曲直。　　　　　　　　——《淮南子·说林训》

✈ 素养园地

二十大精神在基层｜把搭载幸福生活的"快递"投进千家万户

5月的"秦州大樱桃"、7月的"北京7号"蜜桃、9月的"花牛苹果"……一个个邮政快递小包裹,承载着富民利民、振兴乡村的使命飞往天南海北、走进千家万户。

近年来,邮政快递已成为服务农产品出口的主力军。从"快递下乡"到"快递进村",市邮政管理局倾听民意服务民生,充分发挥行业优势,切实推进农村寄递物流体系建设,助力乡村振兴,为更好服务县域经济发展挥毫出浓墨重彩的一笔。截至目前,天水农果产品通过寄递渠道外销超300万件,助农实现产值超2亿元。

一件跨越千里的包裹、一个离家不远的村级服务站,承载着村民对美好生活的期待。

党的二十大报告中指出,必须坚持在发展中保障和改善民生,鼓励共同奋斗创造美好生活,不断实现人民对美好生活的向往。

"实现快递进村正是推进城乡公共服务均等化、不断实现人民对美好生活的向往的重要体现。"在刚建成的甘谷县寄递共配中心门口,县邮政公司负责人岳曦感说。

今年以来,市邮政管理局积极响应中央号召,着力打造县区寄递共配中心+乡镇寄递共配中心+村级综合便民服务站的"两中心一站点"模式,甘谷、清水、张家川三县已完成县级寄递共配中心建设,全市已建成19个乡镇级寄递共配中心,村级邮政"综合便民服务站"建成率达100%。

"地里的苹果用三轮车拉到这里,村服务站全能帮我保质保量送达。"秦州区中梁镇何家庙村的李梅家有好几亩苹果地,早些年因为"没路子",苹果只能贱卖给中间商。现在好了,快递通到家门口,苹果由村服务站统一送至乡镇寄递共配中心,邮车送至县寄递共配中心,再由邮区中心局统一安检送往各地,直销直送既节省了时间又节省了中间费用。仅两个月时间,李梅家就寄出了2 000多件苹果,价格也比以前高了不止1倍。苹果出运准备现场如图2-7所示。

记者了解到,为进一步推进农村寄递物流体系建设,市邮政管理局和交通运输部门达成协作,利用乡镇综合交通服务中心场地资源,拓展寄递共配服务,统一形

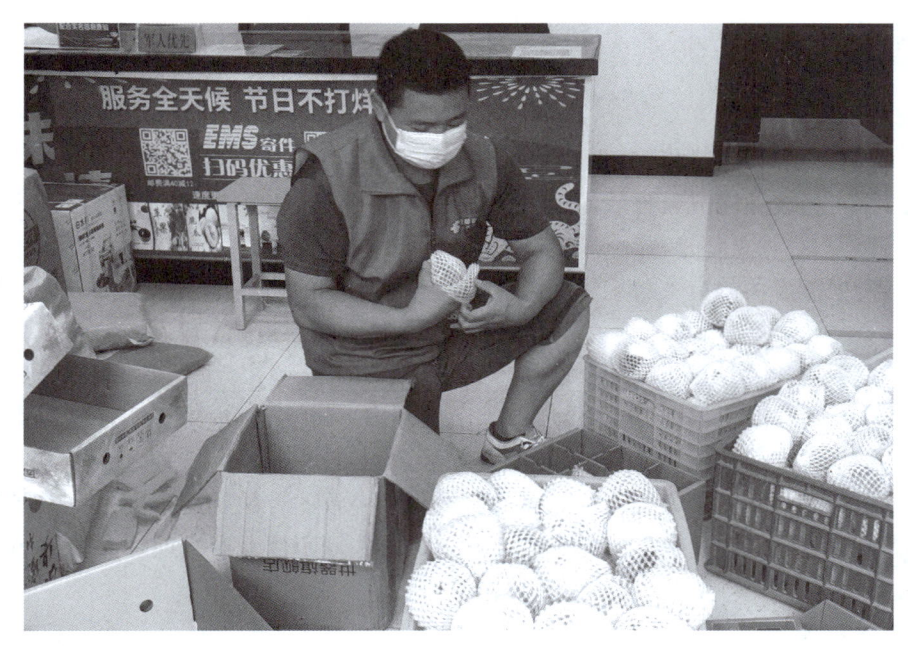

图 2-7　苹果出运准备现场

象设计、统一标志标识、统一设施设备并统一管理，形成覆盖周边临近村镇的收寄配送平台，有效解决偏远乡村邮件难进的问题。

"原来我们的邮所一般都设在乡镇政府所在地，离得有些村近，有些村远，投递邮件费时费力效率也低。现在有了乡镇共配中心，可以就近解决投递问题。"天水镇乡镇共配中心负责人闫欣欣说，自从投递效率提升后，每个月进口的快件也开始多了，投递的便利似乎也刺激了村镇居民的消费潜力，寄递渠道下行作用进一步发挥。

"党的二十大报告中指出，要着力解决好人民群众'急难愁盼'问题，健全基本公共服务体系，提高公共服务水平，增强均衡性和可及性，扎实推进共同富裕。"市邮政管理局有关负责人表示，下一步全市邮政系统将深入贯彻落实好党的二十大精神，积极推进农村客货邮融合发展，鼓励支持寄递企业承接县域商业发展项目，拓展市场融入县乡村三级电商服务平台建设，有效延伸农村寄递服务链条，进一步健全基本公共服务体系，让群众的生活乘着物流发展的东风走上幸福的"快车道"。

网址：https://www.sohu.com/a/604889666_121106869

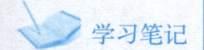

课后练习

1. 填空题

（1）收寄验视，是指_____。

（2）寄递企业完成收寄后发现禁寄物品或者疑似禁寄物品的，应当_____。

（3）根据海关的有关规定，在国内范围互相邮寄的物品：卷烟、雪茄烟每件以_____为限。

（4）限寄物品是指_____，如烟酒等进行限量快递的物品。使用国家快递时，要遵守收寄国、寄达国和中转国的相关禁限寄规定。

（5）药品收寄：个人凭药品名称与所寄药品一致的合法购药票据；大宗药品邮件收寄需提供生产经营单位的_____复印件，或当地食品药品监管部门的证明。

2. 选择题

（1）下列物品中不属于禁寄物品的是（　　）。

A. 枪支弹药　　　B. 烟酒　　　C. 烟花爆竹　　　D. 象牙

（2）对于寄往国外的物品，还应遵守海关限值的有关规定：寄往国外的个人物品，每次价值以不超过人民币（　　）元为限，免税额为人民币500元，超出的仅征收超出部分。

A. 200　　　　　B. 500　　　　　C. 1 000　　　　D. 2 000

（3）寄往香港、澳门的个人物品，每次限值为人民币800元，免税额为（　　）元。

A. 200　　　　　B. 400　　　　　C. 600　　　　　D. 800

3. 问答题

（1）禁寄物品主要包括哪些？

（2）禁寄物品和限寄物品有什么区别？

任务 2　运单填写与打印

项目描述

本项目旨在培养学生能够根据客户邮寄案例信息填写电子运单的能力。

学习目标

1. 知识目标

（1）通过本任务的学习，使学生了解快递运单的历史及组成。

（2）使学生了解快递运单的含义和作用。

（3）使学生掌握快递运单的法律效力。

2. 能力目标

（1）通过客户邮寄案例，能够准确无误地完成快递运单的填写。

（2）能够使用运单打印机，并能够完成快递运单的打印和粘贴。

3. 素养目标

（1）培养学生认真负责的工作态度和严谨务实的工作作风。

（2）培养学生团结协作，准确快速的团队意识。

学习内容

一、知识储备

（一）快递运单

1. 快递运单概述

2012年6月中华人民共和国国家质量监督检验检疫总局和中国国家标准化管理委员会联合发布《中华人民共和国国家标准：快递运单》（GB/T 28582—2012），标准中规定了快递运单的术语和定义、规格、信息内容、技术要求、试验方法、检验规则及包装、标志、运输贮存等内容，主要适用于无碳复写纸的折叠式票据形式的国内及国际出境快递运单（即纸质运单）的制作、检验、包装、标志、运输和贮存。2022年10月国家市场监督管理总局和国家标准化管理委员会联合发布了《中华人民共和国国家标准：快递电子运单》（GB/T 41833—2022），规定了快递电子运单的类别、组成及规格、区域划分及信息要求、技术要求、环保要求、试验方法、检验规则、运输和储存，适用于通过计算机信息系统打印在热敏纸上所生成的国内电子运单的生产和使用。如今，多数快递公司均采用电子运单。

所谓的快递电子运单，即将快件收寄信息按一定格式存储在计算机信息系统中，并通过打印设备将快件收寄信息输出至热敏纸等载体上所形成的单据。快递电子运单与原来使用的纸质快递运单最大的不同在于没有背书条款，而背书条款所具备的法律效力即包含在电子运单中，不再明确说明。

根据相关标准，电子运单分为一联电子运单和两联电子运单两类。一联电子运单用于派件使用及收件人存根；两联电子运单由上、下两联构成，上联是派件存根，下联是收件人存根。两种电子运单如图 2-8、图 2-9 所示。

申通快递电子运单填写案例　　顺丰快递运单背书条款法律效力　　快递运单粘贴案例

——快递服务组织信息区：包括快递服务组织的相关信息，如快递服务组织的名称、标识、客服电话等。

——码号区：包括二维码、一维条码。

——目的地信息区：快件目的地区域的名称或代码、类别（城市或农村）等。字号宜不小于二号（22 pt），文字宜采用黑体或加粗黑体。

——收件人信息区：包括收件人姓名、地址、联系电话等。字号宜不小于五号（10.5 pt），文字宜采用黑体或加粗黑体。

——寄件人信息区：包括寄件人姓名、地址、联系电话等。

——内件信息区：包括内件的名称、类别、数量等。

——业务类别及业务处理区：业务类别名称（如商务快递、标准快递、经济快递等）；快件的质量、体积、运费、付款方式、投递方式（如宅递、箱递、站递或其他）、收件时间、服务协议约定提示、寄件人签名等。

——签收区：包括收件人或代收人签字、签收时间等。

——自定义区：包括由快递服务组织根据自身业务需要设置，可包括三段或四段码、生鲜冷链、时效要求、易碎品提示等其他信息。

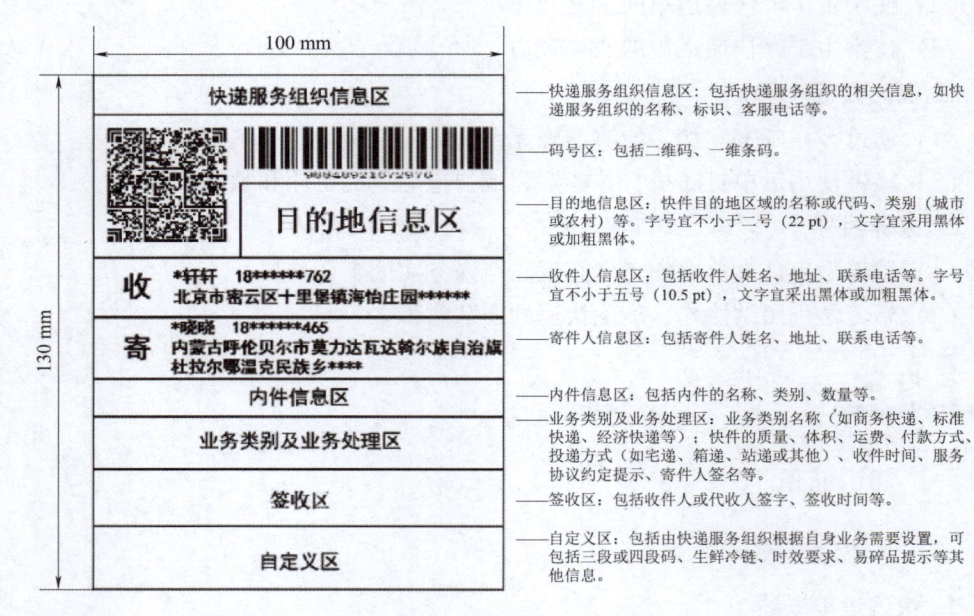

图 2-8　一联电子运单示意图

图 2-9　两联电子运单示意图

电子运单各区域内容如表 2-5 所示。

表 2-5　电子运单各区域内容

码号区	维码、一维条码
快递服务组织信息区	快递服务组织的名称、标识、客服电话等
目的地信息区	快递目的地区域的名称或代码、类别等
收件人信息区	收件人姓名、地址、联系电话等
寄件人信息区	寄件人姓名、地址、联系电话等
内件信息区	内件的名称、类别、数量等
业务类别及业务处理区	快件的质量、体积、运费、付款方式、投递方式（如宅递、箱递、站递或其他）、收件时间、服务协议约定提示、寄件人签名等
签收区	收件人或代收人签字、签收时间等
自定义区	由快递服务组织根据自身业务需要设置，可包括三段或四段码、生鲜冷链、时效要求、易碎品提示等其他信息

2. 快递运单的作用

①快递运单是寄件人与快递企业之间签订的服务格式合同。它是寄件人与快递企业之间缔结的快递寄递合同，在双方共同签字后产生法律效力，在快递到达目的

地并交付给运单上所记载的收件人后，合同履行完毕。

②快递运单是付费方和快递企业据以核收费用的账单。快递运单记载着服务所需支付的费用，并详细列明了费用的种类、金额，因此可作为付费方的费用账单。其中存根联也是快递企业的记账凭证。

③快递运单是快递企业安排内部业务的依据。快递运单随快件同行，证明了快件的身份。运单上载有有关该票快件收取、转运、派送的事项，快递企业会据此对快件的运输做出相应安排。

④快递运单是快递企业签发的已接收快递的证明。同时，它也是快递收据，在寄件人将快件交寄后，快递企业将会其中一联（寄件人存根）交给寄件人，作为已经接收快件的证明。

⑤快递运单是出口的报关单证之一，在快递到达目的地机场进行报关时，快递运单通常也是海关查验放行的基本单证。

⑥快递运单是寄件人查询快件状态的依据，也是快递出现问题时投诉和理赔的依据，同时还是快递企业统计派送票数和派送营业收入的依据。因此，快递企业需将快递运单形成档案，作为其经营管理的主要依据。

素养园地

《快递电子运单》国家标准强化个人信息保护
——尊重公民隐私　保护合法权益

近日实施的《快递电子运单》国家标准强化个人信息保护，禁止显示完整的个人信息，推荐对个人信息进行全加密处理，规范个人信息相关内容的读取权限。

这是记者7日从市场监管总局举行的快递业两项国家标准专题新闻发布会上获悉的。《快递电子运单》国家标准和《通用寄递地址编码规则》国家标准近日正式实施。

我国快递年业务量达千亿件，快递电子运单是应用于快递外包装的重要单据，每年耗用量很大。在强化个人信息保护方面，《快递电子运单》国家标准要求快递企业、电商经营主体等采取措施，避免在电子运单上显示完整的收寄件人个人信息。收寄件人姓名应隐藏1个汉字以上，联系电话应隐藏6位以上，地址应隐藏单元户室号。推荐对个人信息进行全加密处理，规范个人信息相关内容的读取权限，仅限于快递企业及其授权的第三方、相关管理部门，使用相关设备合法读取。标准还明确了纸张、背胶、油墨，以及字体字号、隐藏及加密处理、胶粘物理性能等一系列技术指标。

《通用寄递地址编码规则》国家标准实现全行业地址信息及编码体系的统一，将寄递地址代码化、替代文本地址，无须再记录和书写传统的文本地址，避免了地址不清、书写错误等问题，方便寄递企业和广大用户。通用寄递地址编码的应用场景十分广泛，如应用于无人机、无人车，实现自动导航和智能无接触服务；连通不同企业的数据信息，实现共同分拣、共同投递等。

网址：https：//mp. weixin. qq. com/s/aIuo19yshp5crUi4_P82jQ

（二）快递电子运单打印机认知

电子面单打印机，是指专门用来打印快递面单的打印机设备。根据打印面单种类的不同，它可被分为传统面单打印机和电子面单打印机，从打印机工作原理来区分，打印传统面单和电子面单的两种打印机设备分别为针式打印机以及热敏打印机。快递电子面单打印机如图 2-10 所示。

图 2-10　快递电子面单打印机

（三）快递运单和标识的粘贴

1. 运单粘贴位置

根据快件表面美观、大方的要求，以及从左到右的操作和阅读习惯，运单应粘贴在快件外包装上面的适当位置，运单与快件边缘留出 5 cm 的空白。应把表面的四个角落位置留出来，以便标识、随带单证的粘贴。

2. 运单粘贴方法

各快递企业根据自身运单的特性采取不同的粘贴方式，运单袋封装是其中最常见的方式。

3. 运单粘贴注意事项

①运单粘贴应尽量避开骑缝线，由于箱子挤压时，骑缝线容易裂开，所以运单易磁损或脱落。

②运单应粘贴在快件最大的平整表面，避免粘贴出现皱褶等。

③使用胶纸时，不得使用有颜色或带文字的透明胶纸覆盖运单内容，胶纸不得覆盖条形码、派件员姓名、收件人签署栏以及派件日期栏的内容。

④运单粘贴须保持平整，运单不能有皱褶、折叠、破损。如果是国际快件，须注意将相关的报关单据与运单一起装进运单袋，或者按照快递企业的具体要求操作。

如有形式发票，应将形式发票和运单一起装进运单袋内，或者按照公司的具体要求操作。

⑤运单要与内件一致，避免运单错贴在其他快件上。

4. 不规则快件的运单粘贴

①圆柱形快件的运单粘贴。圆柱底面足够大（能平铺粘贴运单），将运单粘贴在圆柱形物体的底面，注意运单不得贴在底面边缘，避免快件叠放时把运单磨破。例如油漆桶，把运单粘贴在底面正中央，不得贴在高起的边缘上。如果圆柱物体较小，底部无法平整粘贴运单，则将运单环绕圆柱面粘贴，注意运单号码不得被遮盖。例如奶粉罐，将运单环绕罐身粘贴，为使运单粘贴得牢固，运单粘贴好之后，须加贴透明胶纸环绕两底部粘贴运单，确保运单不会顺着罐身滑落。

②锥形物体的运单粘贴。体积较大的锥形物体，选择能完整粘贴运单的最大侧面，平整粘贴运单。体积较小的锥形物体，如果单个侧面无法平整粘贴运单，可将运单内容部分粘贴在两个不同的侧面，但运单条码必须在同一个侧面，不能折叠。

③小物品快件的运单粘贴。对于体积特别小、不足以粘贴运单（即运单环绕四周能把整个快件包裹起来）的快件（通常称为"小件"），为了保证快件的安全，避免遗漏，建议将其装在文件封或防水胶袋中寄递。运单粘贴在文件封或防水胶袋的指定位置。

④对于特殊包装的快件，运单粘贴应遵循以下原则：首先，运单的条码不得被覆盖，如不得被物品覆盖和不得被颜色覆盖；其次，运单条码不得被折叠，即运单的条码须在同一表面展示，不得折叠或在两个（含以上）表面上。

5. 标识的粘贴

①正面粘贴。为便于分拣操作，对于与分拣直接相关的标识，宜将其与运单粘贴在同一表面，如国际件标识、自取件标识。

②侧面粘贴。防辐射、向上等标识应粘贴在快件侧面，便于在搬运、码放时能够很容易地识别。

③三角粘贴。需要多面见到的标识，可以贴在包装箱的角上，包住快件角的三个方向。例如易碎件标识，斜贴在快件粘贴运单的正面角上，另外两个角粘贴在其他两个方向。

④沿骑缝线粘贴。贴纸作为封箱操作用品使用，每件快件至少粘贴2张，每个可拆封的骑缝线都得粘贴。例如保价贴纸，应粘贴在每个表面的骑缝线上，起到封条的作用，提醒不允许拆开包装。

6. 随运单证的粘贴

随运单证包括代签回单、代收货款证明、形式发票、报关单、转运单等。各快递企业对随运单证的粘贴方式不一：有些企业将随运单证和运单一起放入装运单的塑料袋内，用胶纸粘贴在快件上；有些企业将随运单证和托寄物放在一起。

二、计划

（一）目标

分组快递电子运单的填写，并在快递实训中心完成快递运单的打印、粘贴。

（二）步骤

运单填写工作步骤如表 2-6 所示。

表 2-6　运单填写工作步骤

步骤序号	工作步骤
1	分组，每组 2 人
2	用微信或支付宝扫描，找到快递公司下单平台
3	完成客户实名制认定
4	完成快递电子运单的填写
5	打印快递电子运单
6	将快递电子运单粘贴到快件相应的位置

三、执行

（一）执行准备

运单填写执行准备如表 2-7 所示。

表 2-7　运单填写执行准备

场地准备	备件准备	资料准备
快递实训中心	邮寄案例、下单二维码、手机、电子面单打印机、热敏纸	教学课件、项目单、记录表、视频教学资料、网络教学资源、评分表

（二）实施计划表

完成计划，并在下表"具体内容"一列中，回答"项目"列的问题。运单填写实施计划表如表 2-8 所示。

表 2-8　运单填写实施计划表

步骤序号	项目	具体内容
1	选择下单的快递公司及扫描平台	
2	实名制认定简述	
3	邮寄案例收发货人	
4	邮寄物品	
5	快递电子运单打印	
6	电子运单粘贴位置	

情景 2　收寄服务　51

四、检查评估

运单填写分析评价表如表2-9所示。

表2-9 运单填写分析评价表

考核项目	评分标准	分数	扣分值 学生自评	扣分值 小组互评	扣分值 教师评价	扣分理由
团队合作	是否协调	10				
活动参与	是否积极主动	10				
实名制认定	是否完成	10				
快递电子运单填写	是否正确、规范	20				
运单打印	是否完成	20				
运单粘贴	是否正确、规范	20				
劳动纪律	是否严格遵守	10				
总分		100				
学生签名（互评）：				年　月　日		得分：
教师签名：				年　月　日		得分：

五、反思总结

在本任务的学习过程中，遇到了哪些困难？这些困难是如何解决的？

六、知识链接

快递运单背书条款法律效力

背书条款由快递企业和寄件人共同承认、遵守，具有法律效力，自签字之日起确认生效。主要内容包括：

（1）查询方式与期限。

（2）顾客和快递服务组织双方权利与责任。

（3）包括顾客和快递服务组织产生争议后的解决途径。

（4）顾客可与快递服务组织协商、向消费者权益保护。

（5）组织投诉、向行政部门申诉、向仲裁机构申请仲裁、向人民法院起诉等方式。

赔偿的有关规定

（1）经营快递业务的企业在寄件人填写快递运单前，应当提醒其阅读快递服务合同条款、遵守禁止寄递和限制寄递物品的有关规定，告知相关保价规则和保险服务项目。

（2）寄件人交寄贵重物品的，应当事先声明；经营快递业务的企业可以要求寄件人对贵重物品予以保价。

（3）除信件和已签订安全协议用户交寄的快件外，经营快递业务的企业收寄快件，应当对寄件人身份进行查验，并登记身份信息，但不得在快递运单上记录除姓名（名称）、地址、联系电话以外的用户身份信息。

（4）寄件人拒绝提供身份信息或者提供身份信息不实的，经营快递业务的企业不得收寄。

课后练习

1. 填空题

（1）电子运单包含区域为码号区、_____、目的地信息区、收件人信息区、寄件人信息区、内件信息区、签收区、自定义区。

（2）要求邮政企业、快递企业、经营邮政通信业务的企业应当执行_____，在收寄邮件、快件时，要求寄件人出示有效身份证件，对寄件人身份进行查验，并登记身份信息。

2. 选择题

（1）内件的名称、类别、数量等信息位于电子运单的哪个区域？（   ）

A. 码号区

B. 签收区

C. 内件信息区

D. 自定义区

（2）寄递企业应当将安全协议以及用户身份信息保存至协议终止后不少于（   ），并将与其签订安全协议的用户名单送邮政管理部门备案。

A. 3个月

B. 半年

C. 一年

D. 两年

3. 简答题

（1）快递运单的作用是什么？

（2）快递运单粘贴的注意事项有哪些？

任务3　保价与赔偿

项目描述

本项目旨在培训学生为快递进行保价，以及处理快递遗失后的赔偿责任的能力。

学习目标

1. **知识目标**

（1）通过本任务的学习，使学生掌握快递保价的含义和方法。

（2）使学生能够区分快递保价和保险。

（3）使学生掌握快递赔偿的流程。

2. **能力目标**

（1）使学生掌握快递保价的流程和操作要点。

（2）使学生熟练掌握快递赔偿的要点和流程。

3. **素养目标**

（1）培养学生认真负责的工作态度和严谨务实的工作作风。

（2）培养学生履职尽责、实事求是的工作能力。

（3）培养学生树立依法治企、规范经营、讲诚信、遵规则的意识。

学习内容

一、知识储备

（一）快递保价

快件保价是指客户向快递企业声明快件价值，快递企业与客户之间协商约定由寄件人承担基础资费之外的保价费用，快递企业以快件声明价值为限承担快件在收派、处理和运输过程中发生的遗失、损坏、短少等赔偿责任。

客户对快件的安全高效要求越来越高，尤其是中高端客户，如果将保价服务作为快递领域的增值服务项目，且费率合理，可提高客户对快递企业的满意度，是快递企业争取客户资源、应对竞争的一项重要举措；快件保价是快递公司收入增加的渠道。快递企业开展保价业务，在快件全程处理中给予特殊的保护操作，降低快件发生损失、丢失的概率，提高了快件的安全性。从而使保价快件安全性高、赔付概率低。

通常来说，保价是指由寄件人声明货物价值，并支付相应比例的保价费用，当货物出现损毁或丢失时，在保价范围内获得足额赔偿。声明价值是为了规避风险，快件的保价金额一般都有最高限额，用户声明价值不得超过最高额度，如果超过，建议投保。

保价费是指寄件人所交寄的快件附保险，由寄件人在交寄时支付相应的"保价金"（由寄件人自行对物品估值，所付保价金随之成正比增长），以防物品在丢失后无法估价及索取赔偿。目前，各快递企业保价费率的计算方面尚无统一标准。

快件运单契约条款中有关保价的条款在法律上属于格式条款，通常印刷在快递运单的背面。在快递服务协议中会注明"贵重物品必须保价""建议对价值超过1 000元的物品选择保价服务"，快递公司的业务员在寄件人签字前有义务告知寄件人相关提示并解释该条款的内容。这样合同才有效，否则无效。

快递保价的过程中，需充分尊重当事人自由，保价服务以自愿为原则，由寄件人决定是否进行保价；快递工作人员应尽到合理提醒和说明的义务，将快递保价的相关条款和建议告知寄件人；寄件人应如实申报货物价值并及时支付保价费；如果有确切证据证明快件损坏是因为快递公司故意或重大过失造成的，赔偿范围不受保价条款的约束，应该按照货物损失的实际价值理赔。

寄件人选择此项服务时，需确定保价金额与每票快件内件实际价值一致，每票快件的保价金额一般都有最高限额，如某些快递企业规定为十万元人民币；保价费一般按申报的保价金额的0.1%~0.5%收取。未按规定交纳保价费的快件，不属于保价快件。

1. 保价快件标识

保价快递需妥善包装，并使用特殊的标识提醒各操作环节注意快件保护。如采用保价封签，用户在封签上签名，确保只有破坏封签才能拿到内件。

2. 快件称重

为了发现快件是否缺少，快递企业对保价快递的重量精度要求更高，有的精确到小数点后两位，交接环节进行重量复核，确保派送过程的安全。

3. 保价运单

保价快件使用特殊的保价运单，或做普通快递运单上标记"保价"，快递员在收取保价快件时需严格遵循填写规范。

4. 赔偿上限

保价快件最高赔偿额不超过用户投保的声明价值。

5. 不属于保价范围内的物品

①国家法律明令禁止流通或寄递的物品，如军火武器、烟草、货币、古董、金银珠宝、贵重金属等。

②公司规定不能在快递网络流通的物品，如有爆炸性、易燃性、腐蚀性、毒性、强酸性或放射性的各种危险品，如雷管、火药、爆竹、汽油、酒精等。

③易腐烂的物品，如鲜肉、鲜鱼等，各类活体动物、液体及动物尸体标本。

④显示器半成品，如显示屏、显像管等，玻璃制品以及各类票据。

⑤各类盆景、植物，如花卉、草木。
⑥工艺品及艺术品，如玉类、石雕、石膏雕塑、模型等。
⑦文件、印刷品以及使用文件袋、防水袋包装的快件不得使用保价面单寄递。
⑧所有木制品，以及古筝、古琴、吉他等乐器，因音色、音质方面无法鉴定其是否损坏，故不予作保。

（二）快递保险

部分快递企业为转移赔偿风险，通过向保险公司购买快件保险，有保险公司承担快递遗失、损坏、短少等赔偿责任。

快件保险，是指客户在寄递物品之前，直接向保险公司对物品购买保险，快件从始发地到目的地的运输、装卸搬运、储存、处理、派送的任意环节，快件如出现遗失、短少、损坏时，保险公司都会按照承保规定给予客户赔偿。目前，一些快递企业也为客户提供代办快件保险手续。

快递保险按其运输工具的不同，相对应的货运险方案也不同。如果快递是国际快递，并且通过火车、汽车运输，那么此快递保险对应的就是国际陆上运输货物保险（火车、汽车）方案。如果快递是国内快递，并且通过火车、汽车运输，那么此快递保险对应国内水、陆路货物运输保险方案。如果通过飞机运输的快递，那么此快递保险对应航空货物运输保险方案。

快递运输通常须经陆、空辗转运关，实际上是属于"门到门"运输，在长途运送过程中遭受自然灾害、意外事故以及各种外来风险的可能性较大，国际物流更是艰辛，不可抗力、天灾人祸以及各种人为因素造成的风险都有可能造成货物损失。寄件人为了转嫁邮包在运送当中的风险损失，故须办理快递保险，以便在发生损失时能从保险公司得到承保范围内的经济补偿。

在操作上，快件价值保险采用单票快件，即每票快件购买一次保险。用户在预订取件时接出投保需求，然后通过用户快件发件系统、用户服务代表派送员以及销售员等渠道购买保险，快件价值保险将在用户的账单上单独体现，分别列明保险费和运费的金额。

针对不同物品，可以采取不同方法确定投保金额。

（1）文件：重新复制、重新打印、重新准备文件的成本，包括材料费用（如纸张）及相关人成本。

（2）货物：实际现金价值与重置成本中的较低者。

（3）返修物品：实际现金价值（或重置成本）减去维修成本。

理赔时，最大限度的赔偿额=投保金额+快递运费。

由于不同物品的特征不同，快件价值保险范围并不是针对所有快件产品的，其中部分特殊物品需附带一定条件，例如古巴、朝鲜和利比亚三国不提供保险服务或参与保险项目。

1. 快件价值保险的适用产品

在目的地国家允许进口的条件下，可以接受全球文件快递、全球包裹快递、进出口到付以及国内包裹快递和国内重货快递等。

2. 不接受投保快件价值保险的物品

（1）动物（包括昆虫、蛹、蠕虫、鱼类、胚胎蛋、鸟类）。

（2）金条、货币、流通票据、遗骸（包括骨灰）。

（3）赝品或盗版印刷品，伪造或非法侵权复印之物及原料。

（4）危险或易燃物品（依 IATA 条例），包括石棉。

（5）药物/毒品（非法），军火（包括零件及弹药）。

（6）色情物品。

（7）货物所经国或地方政府法律列明之违禁品。

3. 接受投保快件价值保险的特殊物品（需附带条件）

（1）酒精类饮品（例如啤酒、葡萄酒、烈酒）。

（2）动植物成品及植物（例如动物皮革、棉花、种子、茶叶、烟草）。

（3）古董或艺术品。

（4）收藏及不能替代的物品（即任何价值高于原来售价的物品或没有普遍供应的物品）。

（5）药物。

（6）皮革、象牙、濒临灭绝的动物产品。

（7）工业用钻石/碳。

（8）医疗样本（例如诊断用的样本、血液、尿液、体液、细胞组织）。

（9）容易腐烂的物品（例如鲜花、干冰、食品、需要温度控制或特别处理的物品或植物等）。

（10）贵重金属及宝石（包括珠宝），手表、人造珠宝饰物。

（三）快递保价与快递保险的区别

快递保价和快递保险都是客户均在基础资费以外额外支付的费用，要么是保价费用，要么是保险费用；主要用于赔偿客户的物品因发生了遗失、损坏或短少等需进行的赔偿责任认定，但是客户的声明价值均不得超过物品的实际价值。

但是两者在制度设计目的、涉及当事人、风险范围、所"保"范围、费用性质、风险承担者、索赔程序等方面具有区别：其中快递保险是由个人将风险转移到快递企业的一种风险防范机制，仅涉及个人和快递企业两者；属于快递企业的责任而不是过失，当不可抗力、第三人侵权等造成的快件损失是免责的，对于不易确定和计量实际价值的快件允许办理保价运输，但有最高限额；保价运输条件下支付的是"保价附加服务费"，属于快递公司营业款；在索赔的过程中要求的单证较少，理赔程序较为简便，所有理赔由快递企业自行消化，投入量大、价值界定难度大，容易导致多赔、不赔或少赔等情况，甚至引发诉讼。

快递保险则将风险从个人和快递企业转移到保险公司，涉及当事人包括客户、快递企业、保险公司、第三方评估机构等；承保的损失必须是可确定和可计量的，其支付的费用非快递企业营业款，而是"保险费"；在索赔时，快递企业可集中大量客户，争取优惠的保险费率，但必须提供相关的单证，程序也较复杂。

（四）快递赔偿

1. 快递赔偿

快递的寄件人或者寄件人指定的受益人可针对快件延误、丢失、损毁和内件不符等情况要求快递公司进行赔偿。其中：

（1）快件延误。

快件延误是指快件的投递时间超出快递企业承诺的服务时限，但尚未超出彻底延误时限。快件延误的赔偿应为免除本次服务费用（不含保价等附加费用）。由于延误导致内件直接价值丧失的，如内件含有时间限制的票据（火车票、演出票等）因时间的延误导致直接价值丧失，应按照快件丢失或损毁的标准进行赔偿。

（2）快件丢失。

快件丢失是指快递企业在彻底延误时限到达时仍未能投递快件，与顾客有特殊约定的情况除外。快件丢失赔偿应主要包括：快件发生丢失时，免除本次服务费用（不含保价等附加费用）；购买保价（保险）的快件，快递企业（由承保的保险公司）按照被保价（保险）金额进行赔偿；对于没有购买保价（保险）的快件，按照《邮政法》及其实施细则和相关规定办理，具体标准遵照国家邮政局在《快递服务》标准中提出的赔偿限额；信件类继续执行按照本次服务费用的2倍进行赔偿的规定；包裹类按照实际损失的价值进行赔偿，但最高不超过本次服务费用的5倍。

（3）快件损毁。

快件损毁是指快递企业寄递快件时，由于快件封装不完整等原因，致使快件失去部分价值或全部价值。与顾客有特殊约定的情况除外。快件损毁赔偿主要包括：完全损毁，指快件价值完全丧失，参照快件丢失赔偿的规定执行；部分损毁，指快件价值部分丧失，依据快件丧失价值占总价值的比例，按照快件丢失赔偿额度。

（4）内件不符。

内件不符是指内件的品名、数量和重量与快递运单不符。

内件不符赔偿主要包括：内件与寄件人填写品名不符，按照完全损毁赔偿；内件与寄件人填写品名相同、数量和重量不符，按照部分损毁赔偿。

关于赔偿标准，快递企业与顾客之间有约定的应遵从约定，没有约定的可按法定赔偿原则和限额赔偿原则执行。

法定赔偿原则是指快递企业对快件的损失赔偿，仅限于邮政行业标准《快递服务》所规定的范围，即索赔因素主要包括快件延误、丢失、损毁和内件不符，并非一切快件损失都给予赔偿。限额赔偿原则是指快递企业对快件的损失赔偿，不是"损失多少赔多少"，而是按照《邮政法》及相关规定的限额赔偿标准承担赔偿责任。

若有以下所示情形之一的，快递服务组织可不负赔偿责任。

①由于顾客的责任或者所寄物品本身的原因造成快件损失的。

②由于不可抗力的原因造成损失的（保价快件除外）。

③顾客自交寄快件之日起满一年未查询又未提出赔偿要求的。

2. 快递索赔程序

快件发生延迟、丢失、损毁、内件不符等情况，致使快件丢失其全部或部分价值时，用户都有权利向快递企业索赔。用户向快递企业索赔的渠道包括拨打快递企业的投诉电话或用户服务电话，在快递企业的网页上进行索赔申请等。快递服务组织受理索赔期限应为收寄快件之日起 1 年内。

快递索赔流程如图 2-11 所示。

索赔申告 → 索赔受理 → 索赔处理 → 赔金支付 → 结束

图 2-11　快递索赔流程

索赔申告：寄件人在超出快递企业承诺的服务时限、但不超出快件受理索赔期限内，可以依据索赔因素向快递企业提出索赔申告。快递企业应提供索赔申告单给寄件人，寄件人填写后递交给快递企业。

索赔受理：快递企业应在收到寄件人的索赔申告单 24 小时内答复寄件人，并告知寄件人索赔处理。

索赔处理：索赔处理时限是指从快递企业就索赔申告答复寄件人开始，到快递企业提出赔偿方案的时间间隔。快递企业除了与寄件人有特殊约定外，索赔处理时限应不超过：①同城和国内异地快件为 30 个日历天；②港澳和台湾快件为 30 个日历天；③国际快件为 60 个日历天。

赔金支付：快递企业与寄件人就赔偿数额达成一致后，应在 7 个日历天内向寄件人或寄件人指定的受益人支付赔金。

索赔争议的解决：寄件人与快递企业就是否赔偿、赔偿金额或赔金支付等问题可先行协商，协商不一致的，可依法选择投诉、申诉、仲裁、起诉等方式。如选择仲裁，应在收寄时约定仲裁地点和仲裁机构。

3. 快递保险的索赔与理赔

当快件在运输过程中出现服务失败，用户可因此向快递企业提出索赔。由于最终的赔付是由保险公司来完成的，因此在整个过程中，快递企业要根据不同的服务失败种类，联系用户和保险公司完成理赔工作。

（1）服务失败。

表 2-10 列举快递企业可能面临的服务失败行为。

表 2-10　服务失败的类型

类型	含义
混包	一票货物与另一票或几票货物混在一起，并派送给错误的收件人（混包件的所有发件人都可以提出索赔申请）
破损	货物发现外在破损（外表可看到），分为部分破损和全部破损（电子音像产品由于消磁等原因而发生的损失、快件固有的缺陷或特征导致的破损不在赔偿之列）
延误	超出"向用户承诺的标准转运时间"的任何延误
快件丢失	快件内部物品的部分或全部丢失
单证丢失	快件的随附文件（海关申报单、许可证、原产地证明等）丢失，所导致的报关延误或引发的关税
分拣错误	快件被分拣到错误的转运路线，而导致丢失或延误
派送错误	快件被派送到错误的地方或错误的收件人，不符合运单上的收件人的
代码错误	快件收件地的代码被错误引用，导致快件被发送到错误的收件地，从而引发延误或丢失
操作不当	快件转运过程中，因作业人员错误的操作方式而导致货物产生异常情况
忘记取件	没有完成向用户承诺的取件业务，即漏取
无故退件	快件在无正当理由或没有通知发件人的情况下，退回发件地
无法派送	由于某种原因而无法成功派送（如名址不详、收件人迁址等）
其他	与服务失误相关联，但又无法归类的情况。如派送员在取件或派送时，不慎将用户的设施损坏而导致的索赔

（2）理赔原则。

针对快件价值保险，快递企业赔付的原则是：

①赔付金额由保险公司支付给用户。

②最大限额的赔付＝投保金额＋快件运费。

③部分丢失或破损，只能获得投保金额及快件运费的部分赔偿。

④索赔只能由快递企业的用户（账户持有人或付款人）或其授权代理人提出（签署权利让与书）。

（3）处理程序。

当已保险的快件出现了服务失败，用户或其授权代理人需要在有效的索赔申请时限内以书面方式提出。具体申请索赔事件及解决办法如下。

①30 天以内：立即解决。

②1~3 个月：根据查询记录上的信息，确定是否受理此项索赔。

③3 个月至 1 年：上报用户服务部，由部门经理审定。

④1年以上：通常因无法找到相关记录而拒绝索赔。

针对用户的索赔，快件公司分别由用户服务代表和用户关注专员跟进，具体的处理流程如下：

①收到索赔申请，建立索赔档案，审核文档。
②填写索赔申请书或索赔申告单，收集整理索赔文档，寄给保险公司。
③保险公司将理赔决定以书面形式通知快递企业。
④将保险公司的理赔决定，传真给用户，由用户确认。
⑤保险公司汇款给用户。
⑥保留汇款凭证及用户收到赔付的确认信，整理存档。

其中用户关注专员主要是判断索赔的有效性。如果是有效索赔，则与用户商议赔偿金额，在10个工作日内与用户达成口头或书面共识。如果是无效索赔，则在2个工作日内出具信函，解释索赔无效的原因，并由相关经理签字。

（4）免责范围。

免责范围是快件价值保险合同中双方当事人在订立合同或格式合同提供者提供格式合同时，为免除或限制快递企业的责任而设立的，包括：

①易腐烂变质的物品。
②货物的自然磨损、自然折旧。
③因包装不当或由货物本身特性导致的损失。
④利润或利益的损失、非直接损失、快件延误。
⑤由发件人或收件人及其代理人的疏忽或不当行为所导致的损失。
⑥政治风险（如政府扣押的物品）、与战争相关的风险、政局动乱等。

二、计划

（一）目标

分组模拟完成快递保价的操作流程。

（二）步骤

快递保价工作步骤如表2-11所示。

表2-11 快递保价工作步骤

步骤序号	工作步骤
1	分组，每组3~4人
2	预估内件价值
3	向客户讲解快递保价条款
4	确定内件声明价值
5	确定保价费用
6	填写保价运单

三、执行

（一）执行准备

快递报价执行准备如表 2-12 所示。

表 2-12 快递报价执行准备

场地准备	备件准备	资料准备
快递实训中心	快递保价实操案例	教学课件、项目单、记录表、视频教学资料、网络教学资源、评分表

（二）实施计划表

完成计划，并在下表"具体内容"一列中，回答"项目"列的问题。快递保价实施计划表如表 2-13 所示。

表 2-13 快递保价实施计划表

步骤序号	项目	具体内容
1	预估内件价值确定是否需要保价	
2	向客户讲解快递保价条款的方法	
3	客户声明价值	
4	保价费用计算	

四、检查评估

快递保价分析评价表如表 2-14 所示。

表 2-14 快递保价分析评价表

考核项目	评分标准	分数	扣分值 学生自评	扣分值 小组互评	扣分值 教师评价	扣分理由
团队合作	是否协调	10				
活动参与	是否积极主动	10				
保价条款	是否理解到位	15				
客户服务	态度是否诚恳，讲解是否清晰	20				
声明价值	是否超过产品本身价值	15				

续表

考核项目	评分标准	分数	扣分值 学生自评	扣分值 小组互评	扣分值 教师评价	扣分理由
保价费计算	是否正确、规范	20				
劳动纪律	是否严格遵守	10				
	总分	100				

学生签名（互评）：　　　　　　　　　　　　　年　　月　　日　　得分：

教师签名：　　　　　　　　　　　　　　　　　年　　月　　日　　得分：

五、反思总结

在本任务的学习过程中，遇到了哪些困难？这些困难是如何解决的？

六、知识链接

中国平安财产保险股份有限公司
邮件快递保险条款

一、责任范围

本保险负责赔偿被保险人交寄的快递邮件在运输及存放过程中发生的下列损失：

（一）被保险邮件在运输途中由于恶劣气候、雷电、海啸、地震、洪水自然灾害所造成的全部或部分损失；

（二）由于运输工具遭受搁浅、触礁、沉没、碰撞、倾覆、出轨、坠落、失踪所造成的全部或部分损失；

（三）由于失火、爆炸所造成的全部或部分损失；

（四）被保险邮件在运输途中由于外来原因致丢失；

（五）被保险人对遭受保险责任范围内危险的邮件采取抢救、防止或减少邮件损失的措施而支付的合理费用，但以不超过被救邮件的保险金额为限。

二、责任免除

本保险对下列损失不负赔偿责任：

（一）被保险人的故意行为或过失所造成的损失；

（二）由于承运人的责任所引起的损失；

（三）保险责任开始前，被保险邮件已存在的品质不良或数量短差所造成的损失；

（四）被保险邮件的自然损耗、本质缺陷、特性以及市价跌落、运输延迟所引起的损失或费用；

（五）被保险邮件内的有价证券、钱款、贵重金属、产品样品的损失；

（六）其他不属于本保险责任范围内的损失。

三、责任起讫

本保险责任自被保险人交寄并取得邮件收据时开始生效，直至该邮件交至收件人所在地邮局或快递公司当日午夜起算满15天止，在此期间保险邮件一经递交至收件人处所保险责任即行终止。如因收件人地址不详或地址有误无法投递，则保险责任至该邮件被退回收件人所在地邮局或快递公司时终止。

四、投保人、被保险人义务

（一）投保人应履行如实告知义务，如实回答保险人就保险标的或被保险人的有关情况提出的询问。

投保人故意或者因重大过失未履行前款规定的如实告知义务，足以影响保险人决定是否同意承保或者提高保险费率的，保险人有权解除合同。保险合同自保险人的解约通知书到达投保人或被保险人时解除。

投保人故意不履行如实告知义务的，保险人对于保险合同解除前发生的保险事故，不承担赔偿责任，并不退还保险费。

投保人因重大过失未履行如实告知义务，对保险事故的发生有严重影响的，保险人对于保险合同解除前发生的保险事故，不承担赔偿责任，但应当退还保险费。

（二）投保人在保险人签发保险凭证的同时，应按照保险费率，一次交清应付的保险费。若投保人未按照约定交付保险费，保险费交付前发生的保险事故，保险人不承担赔偿责任。

（三）发生保险责任范围内损失时，被保险人应及时通知保险人，并书面说明事故发生的原因、经过和损失情况；故意或者因重大过失未及时通知，致使保险事故的性质、原因、损失程度等难以确定的，保险人对无法确定的部分，不承担赔偿保险金的责任，但保险人通过其他途径已经及时知道或者应当及时知道保险事故发生的除外。

（四）对遭受保险责任范围内危险的邮件，被保险人应立即采取合理的施救措施，以防止或减少邮件的损失。否则，对因此扩大的损失，保险人不承担赔偿责任。

（五）发生保险责任范围内的损失，应由有关责任方负责赔偿的，保险人自向被保险人赔偿保险金之日起，在赔偿金额范围内代位行使被保险人对有关责任方请求赔偿的权利，被保险人应当向保险人提供必要的文件和所知道的有关情况。

被保险人已经从有关责任方取得赔偿的，保险人赔偿保险金时，可以相应扣减被保险人已从有关责任方取得的赔偿金额。

保险事故发生后，在保险人未赔偿保险金之前，被保险人放弃对有关责任方请求赔偿权利的，保险人不承担赔偿责任；保险人向被保险人赔偿保险金后，被保险人未经保险人同意放弃对有关责任方请求赔偿权利的，该行为无效；由于被保险人故意或者因重大过失致使保险人不能行使代位请求赔偿的权利的，保险人可以扣减或者要求返还相应的保险金。

五、索赔和赔偿

（一）被保险索赔时，必须提交下列单证：

保险单或保险凭证、邮件详情单（寄件人存）、发票、货损货差证明、检验报告、索赔清单及投保人、被保险人所能提供的与确认保险事故的性质、原因、损失程度等有关的其他证明和资料。

（二）被保险邮件发生保险责任范围内损失，保险人根据邮件的实际损失情况在保险金额范围内进行赔偿。如被保险人不足额投保，则赔款须按保险金额与被保险邮件实际价值的比例进行分摊。

六、保险金额和费率

保险金额由被保险人根据邮件的实际价值在下述范围内选定。

保险金额（元）	保险费（元）
500	0.5
1 000	1
2 000	2

七、争议处理

因履行本保险合同发生的争议，由当事人协商解决。协商不成的，提交保险单明确载明的仲裁机构仲裁；保险单未载明仲裁机构或者争议发生后未达成仲裁协议的，依法向中华人民共和国人民法院起诉。

八、本保险合同适用中华人民共和国法律（不包括港澳台地区法律）。

网址：http：//wap.iachina.cn/col/col3411/index.html

课后练习

1. 填空题

（1）快件保价是指客户向快递企业声明快件价值，快递企业与客户之间协商约定由寄件人承担基础资费之外的＿＿＿＿＿＿＿，快递企业以快件声明价值为限承担快件在收派、处理和运输过程中发生的遗失、损坏、短少等赔偿责任。

（2）＿＿＿＿＿＿＿＿＿是指寄件人所交寄的快件附保险，由寄件人在交寄时支付相应的"保价金"（由寄件人自行对物品估值，所付保价金随之成正比增长），以防物品在丢失后无法估价及索取赔偿。

（3）保价快件最高赔偿额不超过用户投保的＿＿＿＿＿＿＿＿。

（4）快递的寄件人或者寄件人指定的受益人可针对＿＿＿＿＿＿、丢失、损毁和内件不符等情况要求快递公司进行赔偿。

（5）快件损毁赔偿主要包括：＿＿＿＿＿＿＿＿＿＿，指快件价值完全丧失，参照快件丢失赔偿的规定执行；＿＿＿＿＿＿＿＿＿，指快件价值部分丧失，依据快件丧失价值占总价值的比例，按照快件丢失赔偿额度。

（6）＿＿＿＿＿＿＿＿＿是指快递企业对快件的损失赔偿，仅限于邮政行业标准《快递服务》所规定的范围，即索赔因素主要包括快件延误、丢失、损毁和内件不符，并非一切快件损失都给予赔偿。

2. 选择题

（1）声明价值是为了规避风险，快件的保价金额一般都有（　　），用户声明价值不得超过最高额度，如果超过，建议投保。

A. 一定额度

B. 最高限额

C. 最低限额

D. 等价额度

（2）下列物品属于保价范围内的物品的是（　　）。

A. 国家法律明令禁止流通或寄递的物品

B. 公司规定不能在快递网络流通的物品

C. 易腐烂的物品

D. 婴儿衣物

（3）下列情形之一的，快递服务组织可不负赔偿责任（　　）。

A. 由于顾客的责任或者所寄物品本身的原因造成快件损失的

B. 由于不可抗力的原因造成损失的（保价快件除外）

C. 顾客自交寄快件之日起满一年未查询又未提出赔偿要求的

D. 以上情况都是

(4) 快递服务组织受理索赔期限应为收寄快件之日起（　　）内。
A. 三个月　　　　　　　　　　B. 半年
C. 一年　　　　　　　　　　　D. 两年

3. 问答题

(1) 快递保价和快递保险有什么区别？

(2) 快递赔偿的免责范围有哪些？

任务4　快递包装

项目描述

本项目旨在培养学生选择合适的包装材料、采用规范的包装方法完成快件打包的能力。

学习目标

1. 知识目标

（1）通过本任务的学习，掌握包装材料的类型。
（2）使学生掌握不同包装材料的使用方法。
（3）了解绿色快递的相关要点。

2. 能力目标

（1）使学生能够根据客户快递物品选择合适包装材料的能力。
（2）使学生熟练掌握不同类型物品快递打包的方法和技巧。

3. 素养目标

（1）培养学生精益求精的工匠精神。
（2）培养学生降本增效的快递理念。
（3）通过绿色快递的学习，提高学生保护地球、保护家园的意识。

学习内容

一、知识储备

（一）一般物品的包装

1. 快递包装的材料

常见的快递包装材料及用途如表2-15所示。

表2-15　常见的快递包装材料及用途

材料	作用	图例
包装袋	包装袋的封口为一次性胶，密封后防水，安全，适用于样品及不易破碎、抗压类的物品	

情景2　收寄服务　69

续表

材料	作用	图例
包装筒	包装筒是圆柱形的包装材料，材质有塑料、PVC、纸质多种，用于包装不可折叠、不可挤压的物品，例如纸、地图、图画作品、圆柱形的布匹等	
防震板	俗称泡沫，为内填充材料，当受到震荡或坠落地面时，能起到缓冲、防震的作用在特殊情况下，还可以提高它的表面密度，来承受较大的荷载，在防震、防磁碎包装中起重要作用	
编织袋	适用于筒包或者用于对不易碎、抗压、不易损坏物品的包装	
纸箱	适用于规则快件的包装，不同材质和规格的纸箱具有不同的承重和承压能力，在使用纸箱包装快件时，需要根据快件的重量和尺寸，选择合适的纸箱，以确保快件的安全	
打包带	中、大号纸箱、编织袋、木箱包装的快件，封口后用打包带捆扎货物，进行二次加固，单件重量在 30 kg 以上的快件，要用手动打包器，以确保牢固程度	

续表

材料	作用	图例
文件封	文件封是用硬纸板制作的，文件封的表面分为自带运单袋、不带运单袋两种，在文件封的表面刷了一层防水光油，可以防止细小雨水的渗透。有一次性自粘封口，简单易用，适用于在运输、中转操作等过程中易发生褶皱、划花的重要单据和文件类快件或具有复写功能的文件类快件	
牛皮纸袋	牛皮纸袋的外层是牛皮纸，里层有内衬气泡，有不容易撕烂、坚韧、防震良好保护性的特点。有一次性自粘封口，简单易用，适用于在运输、中转操作等过程中易发生褶皱、划花的重要单据和文件类快件或具有复写功能的文件类快件	
封箱胶纸	封箱胶纸是最普遍的包装材料之一，主要用于对寄递物品的封固包装操作，在封箱胶纸上面印刷快递公司的标志或广告，可起到宣传作用，也可以作为责任界定的依据	
防雨膜	防雨膜用于防止水渗透包装而浸湿快件。雨雪雾天气时，包裹一层防雨膜，可以有效保护快件不被淋湿损坏，并且能够保护快件的整洁	
缓冲材料	也称填充树料，包括气泡膜、珍珠棉、泡沫缓冲材料、缓冲纸条、海绵、废旧报纸缓冲材料和碎布片等，能够有效缓冲或者减轻快件在运输过程中与箱体发生碰撞而引起的损坏，还将有效缓解其他快件对该快件的挤压。适合于易碎的快件，表面易划伤的快件	
木箱	主要用于大型贵重物品、精密仪器、易碎物品、不抗压物品的包装，本箱厚度及打板结构要适合快件安全运输的需要	

情景2 收寄服务

2. 快递包装

快件的包装形式有快递服务人员封装和寄件人自行封装两种。快件封装时，应当使用符合国家标准和行业标准的快递封装用品。封装时应当充分考虑安全因素，防止快件变形、破裂、损坏、变质；防止快件伤害用户、快递业务员或其他人；防止快件污染或损毁其他快件。

快件封装时，单件重量应当不超过 50 kg，最大任何一边的长度不超过 150 cm，长、宽、高三边长度之和不超过 300 cm。

信件封装应当使用专用封套，不得打包后作为包裹寄递。包裹封装应当综合考虑寄递物品的性质、状态、体积、质量、路程和运输方式等因素，选用适当的材料为包装。印刷品应当平直封装，不得卷寄。

①原则上，收件员必须当着客户的面对所收快递物品进行最终包装。但实际操作中，由于条件限制不能对货物进行完美包装，需对快件进行简易包装，目的是不与其他快件混淆，以免造成单货不符。

②运单粘贴遵循快件美观、大方的要求，粘贴在快件适当位置上。

③易碎物品的快递，需要向顾客说明潜在风险及公司免责范围，要求提高包装的适运性，并在外包装上粘贴"易碎"标志。

④常用"十"字形、"H"字形、"井"字形等形状进行打包。

⑤纸质信封只能装质量在 200 g 以内的纸质文件。

⑥用大头笔在外包装上注明单号、始发地、目的地等信息。

多种类型快递	快递包装标准	快递企业易碎品	易碎品包装
包装案例	及方法案例	包装方法—微课	操作视频

3. 快递包装的技巧

①包装箱合理：需根据快件的尺寸、质量和运输特性，选择大小合适的外包装及填充物，因未装满的包裹容易塌陷，而包裹装得过满容易胀裂。对未满的包装，须使用足够的填充物，避免包裹内物品的晃动及相互碰撞。不足包装和过度包装都不可取，不足包装容易造成快件损坏，过度包装造成包装材料浪费。操作中不能使用各种有色垃圾袋、较薄的类似垃圾袋的袋子包装快件，以防止包装破损。

②便于装卸原则：包装材料除应适合快件的性质、状态和质量外，还要整洁、干燥、没有异味和油渍；包装外表面不能有凸出的钉、钩、刺等，要便于搬运、装卸和摆放。

③外包装平滑：包装外表面不能有突出的钉、钩、刺等，以便于摆放并避免划破其他快件。

④包装加固：不使用玻璃纸的带子或绳子封箱托运货物，所有货物都必须用强

力胶带（最好用封箱胶带）密封，以加固包装，在运输过程中能防止包装破裂、内物漏出、散失；防止因摆放、摩擦、震荡或因气压、气温变化而引起货物损坏或变质；能够防止伤害操作人员或污染运输设备、地面设备及其他物品。

⑤除某些特殊的货品可用透明包装，其他货品请不要使用透明材料包装。可用透明包装的货品，如大圆柱形物品或原材料；适合用胶袋装的物品，如布匹、皮料鞋材、泡沫等。

⑥捆扎货物所用的打包带，应能承受该货物的全部重量，并保证提起货物时不至于断开。

⑦为保证物品在运输过程中的安全、完整，应该根据其性质和需要，选用防震、防压、防潮、防盗、防雨、防锈、防漏等防护包装。包装内的衬垫材料（如防震板、气垫膜等）应填充满实，不能晃动，不能外漏。

⑧重心平衡：快件重心在一条直线上，以防止货物在运输过程中由于车辆起动、转弯和刹车给货物带来的碰撞及晃动，不要将物品分散放在箱内。

⑨易碎物品应以个别包装分隔，并以适当填充固定。

⑩每份快件为一个独立包装，外部不能附插其他物品。尽量不要将多件捆绑成一件；箱、包、袋、零散物品及外包装破损后缝合或粘贴的物品，都必须另加外包装或装入编织袋内，捆扎牢固。

⑪多件操作规范：一票多件的进出口货物，由于海关限制，严禁托寄物多件捆扎寄递，必须按照子母件操作规范进行操作；国内的一票多件货物，原则上按子母件操作规范操作，但单票质量不超 1 kg，且每件货物外包装形状相同、体积最大的快件一侧面积小于运单的，可以多件捆扎寄递，同时必须在连体快件上批注运单号码，并将连体快件捆扎牢固。

⑫包装材料重复使用：重复利用的旧包装材料（含同行的旧包装），须清除原有旧包装表面的运单号、运单及同行 LOGO 等标记后方可使用。

⑬特殊禁忌：不能使用报纸杂志类物品作为快件的外包装。

（二）特殊物品的包装

1. 特殊物品包装材料的选择

（1）质脆易碎物品。

此类快件必须在包装内部的六个面加垫防震材料，且每一件物品单独使用泡沫或其他缓冲材料进行包装。采取多层次包装方法，即快件-衬垫材料-内包装-缓冲材料-运输包装（外包装）。

（2）体积微小的五金配件、纽扣及其他易散落、易丢失的物品。

此类快件用塑料袋作为内包装将寄递物品聚集，并严密封口，注意内包装留有适当的空隙。数量较少可使用包装袋作为外包装；数量较大可使用质地坚固、大小适中的纸箱作为外包装，并用填充材料填充箱内的空隙，使快件在箱内相对固定，避免填充过满而导致内包装破裂引起快件散落丢失。

(3) 重量较大的物品，如机器零件、模具、钢（铁）块等。

此类快件先使用材质较软的包装材料（如气泡垫等）包裹，然后采用材质较好、耐磨性能好的塑料袋包装或以材质较好的纸箱包装后并用打包带加固，还可使用木箱进行包装。若快件属易碎品，还须在外包装上加贴易碎标识以作警示。

(4) 不规则（异形）、超大、超长的物品。

此类快件以气泡垫等材质较软的材料进行全部或局部（如两端等易损部位）包装。细长快件还应尽可能捆绑加固，减少中转或运输过程中折损的可能性。但若单件重量已达 5 kg，则无须将多件捆绑，以利于中转及搬运。若快件为易折损品，应在快件指定位置粘贴易碎标识。

(5) 较大的圆柱形或原材料物品，如布匹、皮料、鞋材、泡沫等。

此类快件可以先使用透明的塑料薄膜进行包裹，然后再使用胶纸对其进行缠绕包装。严禁使用各种有色的垃圾袋包装。

(6) 特产类物品，如水果、月饼等。

此类快件必须进行保护性包装，具体包装方法可因物而异，以既能防止破损变质，又不污染其他快件为原则，如水果采用条筐、竹笼或者竹篓包装。

(7) 液态物品的包装（仅限全程陆路运输的非危险性物品）。

容器内部必须留有 5%～10%的空隙，封盖必须严密，不得溢漏。若是用玻璃容器盛装的液体，则每一容器的容量不得超过 500 mL。若容器本身的强度较小，则必须采用纸箱或木箱对快件进行加固包装，且箱内应使用缓冲材料填实，防止晃动或倒置搬运液体渗出污染其他快件，并在外包装上粘贴易碎标识。

(8) 轴承内钢珠等会渗油的固体物品。

此类快件必须满足液体类物品的包装要求，应使用衬垫和吸附材料填实，防止在运输过程因渗漏而污染本身运单及其他快件。

(9) 粉状物品（难以辨认成分的白色粉状物品及进出口件除外）。

若快件的原包装是塑料袋包装的，还应使用塑料涂膜编织袋作外包装，保证粉末不致漏出，单件快件毛重不得超过 50 kg。

若快件的原包装用硬纸桶、木桶、胶合板桶盛装的，要求桶身不破、接缝严密、桶盖密封、桶箍坚固结实，桶身两端应有钢带打包带。

若快件的原包装用玻璃器皿包装的，每瓶内装物的重量不得超过 1 kg。如容器本身的强度不够，则须用铁制或木制材料作外包装，且箱内应用缓冲材料填实。单件快件毛重以不超过 25 kg 为宜。

(10) 纺织类物品。

此类快件可采用布袋、麻袋、纸箱包装。选用布袋的材料应使用坚固结实的棉布；麻袋的坯布应无破洞，具有一定强度，封口处应用封口机一次性封口。

若使用纸箱包装，必须对箱角及边缘用胶纸加固确保不会在运输过程中破裂，凡纸箱任何一边超过 60 cm，还需用打包带加固。若纸箱质量较差，还可在其外面套编织袋，以防止在搬运、装卸过程中造成部分遗失或损坏。

（11）精密仪器及电子产品类物品。

此类快件应采用纸箱或全木箱包装，快件与箱壁应预留约 2 cm 的空隙，用缓冲材料填充。若使用纸箱包装，在检查完寄递物品后，如外包装有旧的快递运输或包装标识，须将其清除，如无法清除干净的，在体积允许的情况下，应将纸箱装入包装袋；或用包装箱重新进行包装。避免旧的快件标识造成操作失误。

可以收寄的自身带电的电子类寄递物品，必须在征得客户同意的情况下将寄递物品自带的电池拆卸与主体分离后方可收取，对于无法拆卸分离的快件不予收取，并须做好客户的解释工作。

带锂电池电子产品包装操作案例

2. 快递包装标志

快递包装常用的标志来自国标《中华人民共和国国家标准：包装储运图示标志》（GB/T 191—2008），标准中涵盖了 17 种重要的包装用标志。常用快递包装标志如表 2-16 所示。

表 2-16　常用快递包装标志

序号	标志名称	标志含义	图示
1	易碎物品	运输包装件内装易碎物品，搬运时应小心轻放	
2	禁用手钩	搬运运输包装件时禁用手钩	
3	向上	该运输包装件在运输时应竖直向上	

续表

序号	标志名称	标志含义	图示
4	怕晒	该运输包装件不能直接照晒	
5	怕辐射	该物品一旦受辐射会变质或损坏	
6	怕雨	该运输包装件怕雨淋	
7	重心	表明该包装件的重心位置，便于起吊	
8	禁止翻滚	表明搬运时不能翻滚该运输包装件	

续表

序号	标志名称	标志含义	图示
9	此面禁用手推车	表明搬运货物时此面禁止放在手推车上	
10	禁用叉车	表明不能用升降叉车搬运的包装件	
11	由此夹起	表明搬运货物时可用夹持的面	
12	此处不能卡夹	表明搬运货物时不能用夹持的面	
13	堆码极限	表明该运输包装件所能承受的最大质量极限	

续表

序号	标志名称	标志含义	图示
14	堆码层数极限	表明可堆码相同运输包装件的最大层数	
15	禁止堆码	表明该包装件只能单层放置	
16	由此吊起	表明起吊货物时挂绳索的位置	
17	温度极限	表明该运输包装件应该保持的温度范围	

3. 绿色快递包装

《快递暂行条例》的第一章总则里，就对快递的包装作出说明，"国家鼓励经营快递业务的企业和寄件人使用可降解、可重复利用的环保包装材料，鼓励经营快递业务的企业采取措施回收快件包装材料，实现包装材料的减量化利用和再利用"。

为深入贯彻习近平生态文明思想和习近平总书记关于快递包装绿色治理工作的重要指示批示精神，推进邮件快件包装绿色治理，促进资源节约利用，减少环境污染，根据《中华人民共和国邮政法》《中华人民共和国固体废物污染环境防治法》

《快递暂行条例》以及《邮政业寄递安全监督管理办法》等有关规定，国家邮政局制定了《邮件快件绿色包装规范》（以下简称《规范》），经 2020 年第 7 次局长办公会审议通过，并于 6 月 12 日印发施行。该规范中鼓励寄递企业应当按照规定使用环保包装，制定本企业邮件快件包装操作规范，优先使用符合《绿色产品评价快递封装用品》标准、经过绿色认证的包装产品等，优先采购使用免胶带包装箱或使用可降解基材胶带替代普通塑料基材胶带，使用可折叠可循环包装产品，并在营业网点、分拨中心配备符合标准的包装回收容器。

其中对寄递企业使用包装箱的，包装箱的型号、内装物的最大质量及最大综合内尺寸，宜按如下方式确定：

——1 号包装箱内装物最大质量 3 kg，最大综合内尺寸 450 mm；
——2 号包装箱内装物最大质量 5 kg，最大综合内尺寸 700 mm；
——3 号包装箱内装物最大质量 10 kg，最大综合内尺寸 1 000 mm；
——4 号包装箱内装物最大质量 20 kg，最大综合内尺寸 1 400 mm；
——5 号包装箱内装物最大质量 30 kg，最大综合内尺寸 1 750 mm；
——6 号包装箱内装物最大质量 40 kg，最大综合内尺寸 2 000 mm；
——7 号包装箱内装物最大质量 50 kg，最大综合内尺寸 2 500 mm；

内装物超过质量上限的或者有特殊寄递要求时选用捆扎带进行封扎。

寄递企业采用胶带封装操作的，宜选用 45 mm 宽度及以下的胶带。包装箱上使用胶带宜遵循下列方式：

——1#和 2#包装箱宜采用"一"字型封装方式，使用的胶带长度不宜超过最大综合内尺寸的 1.5 倍；
——3#、4#和 5#包装箱宜采用"十"字型封装方式，使用的胶带长度不宜超过最大综合内尺寸的 2.5 倍；
——6#和 7#包装箱宜采用"艹"字型封装方式，使用的胶带长度不宜超过最大综合内尺寸的 4 倍。

素养园地

习近平生态文明思想是美丽中国建设的根本遵循

习近平总书记在党的二十大报告中强调："大自然是人类赖以生存发展的基本条件。尊重自然、顺应自然、保护自然，是全面建设社会主义现代化国家的内在要求。必须牢固树立和践行绿水青山就是金山银山的理念，站在人与自然和谐共生的高度谋划发展。"我们要深入学习贯彻党的二十大精神，坚持以习近平生态文明思想为根本遵循，牢固树立和践行绿水青山就是金山银山的理念，推进美丽中国建设，建设人与自然和谐共生的现代化。增强生态文明建设的战略定力，以生态环境高水平保护助推高质量发展、创造高品质生活，踔厉奋发、勇毅前行，建设人与自然和谐共生的美丽中国。

学习笔记

习近平生态文明思想是以习近平同志为核心的党中央治国理政实践创新、理论创新、制度创新在生态文明建设领域的集中体现，是新时代生态文明建设的根本遵循和行动指南，标志着我们党对生态文明的认识提升到了一个全新的高度，开创了生态文明建设的新境界。

习近平生态文明思想基于对共产党执政规律、社会主义建设规律、人类社会发展规律的科学把握。习近平生态文明思想系统阐释了人与自然、保护与发展、环境与民生、国内与国际等关系，明确提出了坚持党对生态文明建设的全面领导、坚持生态兴则文明兴等"十个坚持"，体现了新时代生态文明建设的根本保证、历史依据、基本原则、核心理念、宗旨要求、战略路径、系统观念、制度保障、社会力量、全球倡议，涵盖了经济、政治、文化、社会和生态文明等全领域，相互联系、相互促进、辩证统一，是一个系统完整、逻辑严密、内涵丰富、博大精深的科学体系。

习近平生态文明思想有一个清晰的主题和一条鲜明的主线，即"生态优先、绿色发展"。习近平总书记多次强调"走生态优先、绿色发展之路"，将生态优先作为前置条件和价值导向，将绿色发展作为实现路径和目标结果，创造性地把生态优先和绿色发展结合起来，共同贯穿生态文明思想与建设实践的全过程，深刻回答了为什么建设生态文明、建设什么样的生态文明、怎样建设生态文明等重大理论和实践问题。

习近平生态文明思想深刻揭示了生态文明建设的历史逻辑、理论逻辑、实践逻辑。习近平总书记"保护生态环境就是保护生产力、改善生态环境就是发展生产力""形成绿色发展方式和生活方式"等科学论断，深刻阐释了自然生态作为生产力内在属性的重要地位；"人与自然和谐共生""绿水青山就是金山银山"等科学论断，深刻揭示了人与自然、社会与自然之间辩证统一的关系；"走向生态文明新时代""生态兴则文明兴"等科学论断，深刻阐明了人类史与自然史、生态兴衰与文明兴衰的关系。

习近平生态文明思想是我们党关于生态文明理论探索的深化与创新。以新的视野、新的认识、新的理论，赋予了生态文明建设理论新的时代内涵，深化了对美丽中国建设规律的科学认识、把握和运用；是对中华优秀传统生态文化的吸收与发扬，深刻阐释了人与自然和谐共生的内在规律和本质要求，推动了中华优秀传统生态文化的创造性转化和创新性发展，体现了中华文化和中国精神的时代精华；习近平生态文明思想是全球可持续发展经验成果的借鉴与超越。深刻揭示了生态文明是人类文明发展的历史趋势，从构建人类命运共同体的高度出发，提出全球发展倡议，共同建设清洁美丽的世界，为人类可持续发展贡献了中国智慧和中国方案。

习近平生态文明思想体现了马克思主义立场观点方法。坚持把系统观念和普遍联系观点贯穿到生态环境保护全过程，注重处理好发展与减排、整体与局部、长远目标与短期目标等关系。坚持认识和把握事物矛盾运动的规律，强化问题意识和问题导向，既解决生态环境保护的表象问题，又从根本上杜绝问题产生的源头和渠道。坚持防患未然的底线思维，严密防控重点领域的生态环境风险，牢牢守住自然安全边界和底线，以底线思维构筑生态文明基石。坚持人民创造历史，强调以人民为中心的发展思想，集中攻克老百姓身边的突出生态环境问题，不断增强人民群众生态环境获得感和幸福感。

网址：http：//www.qstheory.cn/dukan/hqwg/2022-11/02/c_1129094415.htm

二、计划

（一）目标

能够完成文件、衣物等一般物品的包装。

（二）步骤

快递包装工作步骤如表2-17所示。

表2-17　快递包装工作步骤

步骤序号	工作步骤
1	分组，每组3~4人
2	选择合适的包装容器
3	选择合适的缓冲材料
4	完成物品包装
5	完成快递封装

三、执行

（一）执行准备

快递包装执行准备如表2-18所示。

表2-18　快递包装执行准备

场地准备	备件准备	资料准备
快递实训中心	邮寄样品、文件封、纸箱、剪刀、胶带、缓冲材料	教学课件、项目单、记录表、视频教学资料、网络教学资源、评分表

（二）实施计划表

快递包装实施计划表如表2-19所示。

表2-19　快递包装实施计划表

步骤序号	项目	具体内容
1	邮寄样品名称	
2	选择的包装容器	
3	包装缓冲材料	

情景2　收寄服务

续表

步骤序号	项目	具体内容
4	包装注意事项	
5	封装注意事项	
6	存在问题	

四、检查评估

快递包装分析评价表如表 2-20 所示。

表 2-20　快递包装分析评价表

考核项目	评分标准	分数	扣分值 学生自评	扣分值 小组互评	扣分值 教师评价	扣分理由
团队合作	是否协调	10				
活动参与	是否积极主动	10				
包装容器选择	是否正确	10				
缓冲材料选用	是否合适，既满足要求又节约成本	10				
快递封装	是否在规定限额内	30				
问题记录	是否发现问题	20				
劳动纪律	是否严格遵守	10				
总分		100				
学生签名（互评）：			年　月　日			得分：
教师签名：			年　月　日			得分：

五、反思总结

在本任务的学习过程中，遇到了哪些困难？这些困难是如何解决的？

六、知识链接

包装的作用详述

在流通和消费过程中，包装对保护产品、方便储运、提高价值、传递信息和促销商品等方面起着非常重要的作用。

（一）保护产品

保护产品是包装的首要作用。在整个生产流通过程中，产品途经多个环节，在这些环节中，产品要经过多次装卸、搬运，还要经受环境的考验，产品的包装对保护产品起到了重要作用。在物流过程中，产品变化形式有物理、机械、生理生化和生物学变化等。

物理变化有挥发、溶化、凝结、串味、沾污等；机械变化主要有破碎、变形、开裂、划伤等；化学变化有氧化、老化、锈蚀等；生理生化变化主要是指有生命的有机体商品（如种子、果实、鲜蛋等）的发芽萌发、胚胎发育等；生物学变化主要是指以动、植物为主要原料的商品，受有害生物和微生物的侵蚀，发生的霉变、发酵等。研究物流商品的安全性就是要研究通过何种措施使商品的自然属性在物流过程中具有抵御外界环境条件的能力。

（二）方便储运

在产品的整个流通过程中，产品的合理包装可以给流通环节提供巨大的方便，进而提高物流效率。

1. 方便产品储存

从保管的角度看，产品的包装为保管工作提供了方便条件，便于维护产品原有的使用价值。同时，产品包装上的各种标志，使仓库保管者容易识别，给仓库的验收、堆放、发货提供了方便，并且可以减少差错和货物的损失。

2. 方便产品装卸

不同的包装对搬运装卸安全性影响不同：包装的重量，如采用人工装卸作业，其包装重量必须限制在人的允许能力之下；运用机械进行装卸作业，既能增大包装的重量，又能保障安全装卸。同样，包装的外形尺寸，如采用人工装卸作业，必须适合人工的作业，必要时应考虑手搬动的手扣；运用机械进行装卸作业，包装的外形尺寸可以得到极大地增加。当采用托盘搬运时，包装外形尺寸的选择余地就相对宽松些。产品从生产厂到消费者手中要经受十余次的装卸搬运，由于有了货物的适当包装，使装卸作业十分便利。

货物的合理包装还便于各种装卸、搬运机械的使用，有利于提高装卸、搬运作业效率。另外，包装规格尺寸的标准化也为集合包装提供了条件，能更好地提高装卸效率。例如，电子产品可通过缓冲包装来抵御搬运装卸时跌落与碰撞以及运输过程中的振动与冲击；又如，食品可通过防霉包装来抵御外界氧气的侵入。

3. 方便货物运输

包装的规格、尺寸、形状、重量等因素与产品运输有着密切的联系。比如产品的包装尺寸必须与运输工具的容积相吻合，以方便运输，提高运输效率。

合适的缓冲包装用于保障物资在运输过程中不受损伤。各种不同的包装材料因材质和结构不同，其减震和耐冲击的能力也不相同。采用不同的运输方式所产生的冲击力、震动力的大小不一样。为防止运输过程中由于振动、冲击造成产品的损伤，必须对其实施缓冲包装。

在进行缓冲包装设计时，需特别注意的是：在缓冲包装不足的场合下，由于产

情景2　收寄服务　83

品遭受意料不到的碰撞而产生破损；反之，缓冲包装过分，则由于包装材料费上升造成包装费用提高。因此，对于普通产品的工业包装其程度应当适中，才会有最佳的经济效果。

缓冲包装合理化是很重要的，因为它可以保障产品的安全运输；又由于缓冲包装的简化，不但可以减少相应的包装费用，而且可以有效地利用包装资源。

（三）促销商品

产品的包装以其造型、图案、色彩、质量、质地等特征，直接展现在消费者面前，引起人们的注意，唤起人们的购买欲望，所以，包装的装潢设计在商品的销售过程中占有极其重要的作用。良好的包装可以成为产品推销的一种主要工具和有力的竞争手段，还能起到广告宣传的效果。

良好的产品经过包装后，利用包装的形体及其外部印刷的文字、图案、色彩等结构造型和装潢设计来美化产品，宣传产品的性能，介绍产品的使用方法，增加产品销售的陈列效果，使消费者通过了解包装物来了解内装产品，对所装产品质量产生信任感，从而购买产品。

（四）传递信息

随着技术的发展，为了提高作业效率，增加商品的透明度，及时跟踪流通过程中的产品，大量的信息技术被应用到包装环节中。通过价格低廉的扫描设备和条码可以快速地将商品的一些信息，如制造厂、商品名称、商品数量、商品规格、商品生产地、商品目的地等加以控制和跟踪，减少了商品的误差。

（五）提高价值

根据马克思的价值理论，商品的价值是由凝结在其中的社会必要劳动时间所决定的。包装所用的劳动，是社会必要劳动的一部分，它凝结在商品中间，增加了商品的价值，并在销售时得到补偿。同时，包装物的再利用也给商品降低了成本，增加了价值，如铁皮包装，玻璃、塑料瓶包装，纸箱、木箱包装等，都具有回收再利用的价值，为企业降低了费用，为消费者增加了新的价值。

（六）增加企业收入

包装的合理和科学，可以最大限度地利用运输工具的运输能力，减少运输舱容，节省运费，降低成本支出，增加企业收入。另外，精美的产品包装，不但提高了产品的价格，而且也可以满足人们的消费心理，进而增加企业的销售收入。

让快递更"轻"更"绿"，快递循环利用回收箱成行业共识。

华声在线11月3日讯（全媒体记者 黄亚苹）一年一度的"双十一"大促，新老电商混战正酣。快递业务旺季，背后的快递过度包装问题备受关注。国家邮政局方面提出，到2025年年底，全国范围邮政快递网点将禁止使用不可降解的塑料包装袋、塑料胶带、一次性塑料编织袋等。长沙快递企业在推进绿色包装上都有哪些举措？11月3日，三湘都市报记者进行了调查。

走访：快递盒循环利用箱成标配

"这是您的快递，拆出的纸箱、气泡膜垫、气柱袋都可以放在门口的绿色箱子里，留给需要寄快递的顾客。"11月3日，在长沙市开福区湘江中路某小区的菜鸟驿站内，站长从货架上取出贴着对应编码的快递包裹后，习惯性地提醒取件人将快递外包装留下。

三湘都市报记者注意到，在快递代收点的扫码出库机旁，放着一个印有"让包装回收再寄、让资源循环利用"的绿色回收箱，箱子大概有一米高，里面堆着大量的黄皮纸箱、气泡柱填充物及快递袋。"原本寄快递都需要顾客自己承担纸箱费和包装费，最小号的快递箱是1元。没有破损、变形的纸箱可以二次利用，顾客也省了1至3元的包装费。"站长介绍。

据记者走访了解，目前，在妈妈驿站、菜鸟驿站等快递代收点及快递公司末端分拨点配备快递外包装回收容器，已成为行业共识。站长、快递公司负责人都会定期清理容器内纸箱并向顾客免费提供。如湖南邮政在长沙的多个网点，同样设置了包装废弃物回收装置，回收包装材料免费提供给顾客循环使用。

行业：快递越来越绿，部门携手打造共治体系

快递包装绿色转型工作关乎民生与行业高质量发展。"让快递更绿"早已不是一句口号，而是快递行业各个企业看得见的行动。

"顺丰从包装、运输、转运全流程发力，降低碳排放和能源消耗。"湖南顺丰速运公共事务部杨倩介绍，2年前，顺丰便开始对快递包装进行改造，推出用拉链代替封箱胶带的循环包装箱"丰BOX"及集装容器、循环文件封等循环快递容器。

湖南邮政则全面使用宽度45 mm以下的窄胶带，在邮政各网点和揽投部，已逐步使用可降解塑料胶带和可降解塑料包装袋，推广科学打包法，抵制胶带过分缠绕的包装方式，坚持适度包装。菜鸟方面宣布，今年在全国13万家菜鸟驿站启动"快递包装换蛋"活动，消费者在驿站取件后留下快递包装，扫码后可领取鸡蛋等绿色礼品；在菜鸟驿站回收的旧快递纸箱，无法二次使用的会被打成纸浆再造成作业本，由公益机构送给小学生。

日前，国家邮政局在2022年第四季度例行新闻发布会上称，将全面加强邮件快件过度包装治理，落实国家塑料污染治理工作部署，确保到2025年年底，全国范围邮政快递网点禁止使用不可降解的塑料包装袋、塑料胶带、一次性塑料编织袋等。

长沙市邮政管理局有关负责人表示，初步估计，今年长沙市快递业务预计将比去年同期增长20%以上，要求各邮政快递企业和电商企业要自觉践行快递包装绿色化、标准化、减量化和可循环的目标，主动使用一联式电子面单，推广应用环保回收箱（袋）、环保胶带、中转箱等绿色低碳设备，让快递"轻"起来、"绿"起来。

网址：

https：//baijiahao.baidu.com/s?id=1748625319370115619&wfr=spider&for=pc

课后练习

1. 填空题

（1）快件的包装形式有_____和寄件人自行封装两种。

（2）快件封装时，单件重量应当不超过_____，最大任何一边的长度不超过_____，长、宽、高三边长度之和不超过_____。

（3）质脆易碎物品，必须在包装内部的_____个面加垫防震材料，且每一件物品单独使用泡沫或其他缓冲材料进行包装。

（4）若快件属易碎品，还须在外包装上加贴_____以作警示。

（5）粉状物品，若快件的原包装是塑料袋包装的，还应使用塑料涂膜编织袋作外包装，保证粉末不致漏出，单件快件毛重不得超过_____。

2. 选择题

（1）快递一幅图画作品，最适合的包装容器为（　　）。

A. 包装筒　　　　　　　　　　B. 包装桶
C. 编织袋　　　　　　　　　　D. 纸箱

（2）以下适用于捆扎重型物品和收缩型包装件的捆扎带是（　　）。

A. 尼龙捆扎带　　　　　　　　B. 钢捆扎带
C. 聚丙烯捆扎带　　　　　　　D. 聚酯捆扎带

（3）（　　）板质轻、抗压、抗弯、抗剪强度高，具有良好的缓冲隔振性能，适用于运输价值较高的电子商品等容易损坏的贵重物品。

A. 硬纸板　　　　　　　　　　B. 瓦楞纸板
C. 蜂窝纸板　　　　　　　　　D. 羊皮纸

（4）用于防止水渗透包装而浸湿快件的包装材料是（　　）。

A. 封箱胶纸　　　　　　　　　B. 防雨膜
C. 木箱　　　　　　　　　　　D. 防震板

（5）说说下列图片中标志的含义（　　）。

A. 怕晒　　　　　　　　　　　B. 怕雨
C. 怕风　　　　　　　　　　　D. 怕辐射

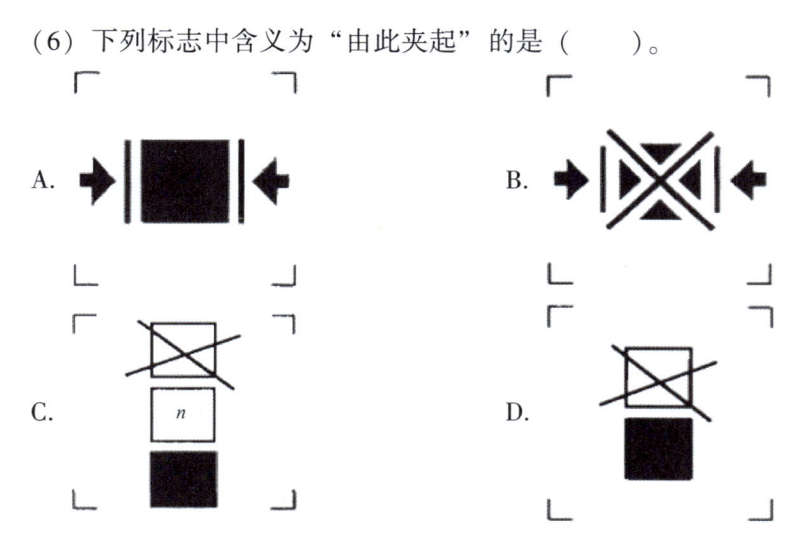

(6) 下列标志中含义为"由此夹起"的是（　　）。

A.　　　　　　　　　　　B.

C. 　　　　　　　　　　　D.

4. 问答题

(1) 基本的快递包装操作步骤是什么？

(2) 绿色物流包装的内涵是什么？

(3) 绿色包装对快递行业会带来哪些改变和影响？

5. 实训拓展

参照"易碎品包装操作视频"完成一次易碎品包装。

任务 5　称重与资费计算

项目描述

本项目旨在培养学生掌握快递称重和资费核算的能力。

学习目标

1. 知识目标

（1）通过本任务的学习，使学生掌握快递称重的方法和计算的要领。

（2）使学生能够进行轻泡货物重量的计算。

（3）使学生掌握快递资费核算的方法。

2. 能力目标

（1）使学生掌握快递称重的方法，并能确定快件的计算重量。

（2）使学生熟练掌握快件资费核算的方法。

3. 素养目标

（1）培养学生诚信意识、规则意识。

（2）培养学生实事求是的工作能力。

学习内容

一、知识储备

（一）快递称重

快递企业应当使用符合国家、行业标准的秤、卷尺等计量用具，确定正确的计费重量，并根据计费重量、服务种类等确定服务费用。快递企业应当在提供服务前告知寄件人收费依据、标准或服务费用。

计费重量 = Max（实际重量，体积重量）。

实际重量：指一票需要寄递快件包括包装在内的实际总重量，即计重称上直接读取的重量。

体积重量：指利用快件的最大长、宽、高，通过规定的公式计算出来的重量。适用于轻泡货物。

轻泡货物又称"轻货""泡货""轻浮货物"，指体积大而自重轻的货物。在铁路运输中，指装满货车容积而总重达不到车辆标记载重的货物，如棉花、芦苇等；公路运输中，指平均每立方米不满 333 kg 的货物；航空运输中，指每立方米不满 167 kg 的货物；水路运输中，指每立方米小于 1 t 的货物。

运输工具装载轻泡货物时，虽其容积充分利用，但载重能力却有虚耗，因此，对轻泡货物收取运费不能按其实际重量计算，一般按一定的标准将体积折算成重量计算（体积重量）。

快件重量计算读取实际重量或计算体积重量时，最小的计重单位为 1 kg。

快件运输过程中用于计算资费的重量，是整批快件实际重量和体积重量两者之中的较高者：

体积小，重量大时，按实际重量计算，计费重量=实际重量

体积大，重量小时，按体积重量计算，计费重量=体积重量

若每件轻泡货物的尺寸不一样，则逐件列出计算轻泡货物，然后相加；若每件轻泡货物的尺寸一样，则需要计算一件轻泡货物后乘以件数即可。

快递企业轻泡货物称重流程及方法　　快递企业重货称重流程及方法

（二）快递资费

1. 快递服务费

快递服务费用是快递企业为用户进行快件传递服务时向用户收取的服务费用。快递服务费用的制定应按照《中华人民共和国价格法》的规定，遵循公平、合法、诚实、信用的原则。快递企业不应相互串通、操纵市场价格、损害其他经营者或消费者的合法权益。

（1）资费：指快递企业在为寄件人提供快递承运服务时，以快件的重量为基础，向用户收取的承运费用。资费也称为狭义的快递服务费用，当不产生包装、附加服务费、保险费或保价费等时，快递资费就是快递服务费用。定价原则包括：

①以重量为基础，采取"取大"的方法。

计费重量选择实际重量和体积重量两者中较大者。

②以时效为依据，体现"速快价高"的方法。

在一定重量的基础上，对于不同时效的产品可以采用不同的价格。

③以距离为依据，体现"距远价高"的方法。

在一定重量的基础上，对于不同距离可以采用不同的价格。

④首重加续重的方法。

通常快递服务费分为首重资费和续重资费。快递企业规定的最低计费重量为首重（一般为 1 kg），首重所对应的资费为首重资费；快递重量超出最低计费重量的部分称为续重，续重所对应的资费为续重资费。

资费=首重价格+续重×续重单价

续重=计费重量−首重

⑤单价计算方式。

单位计价是指按照平均每千克价格来计算资费。单位计价不区分首重和续重，明确平均每千克的价格，由单价乘以重量即可。与普通的运输计价方法类似。

资费=计费重量×单价

（2）包装费：是指快递企业在为了更好地保护寄递物品的安全，为寄件人提供专业包装而产生的包装费用，包括材料费用和包装人工费。

（3）附加服务费：是指快递企业为用户提供快递正常服务以外附加服务所加收的服务费，例如代收货款服务费。

在具体操作时，要注意以下几点：

①常规件：只对重量进行计量。

②轻泡件：比较体积重量和实际重量，体积重量大于实际重量的一般称为轻泡件。对于轻泡件，要取体积重量作为计费重量。

③不规则物品的体积测量：取物品的最长、最宽、最高边量取。

④尾数处理：严格按照重量标准报价，逢尾进一。贵重物品重量尤其要准确，测量时需精确到小数点后一位，计算时最小计量单位为 1 cm 或 1 kg。

2. 费用与单据

快递服务人员应告知寄件人服务费用。

快递服务人员应指导寄件人按照相关要求填写快递运单。

寄件人支付费用时，快递服务人员应将与服务费同等金额的发票交给寄件人。

快递运单为服务格式合同；快递运单的格式条款应符合法律规定，体现公平、公正的原则；快递运单的文字表述应真实、简洁、易懂。

确认付款方式。

如为寄付转第三方支付，需判断月结账号的是否正确及是否开通第三方付款。

寄付现结，向客户收取相应的费用。

现金结算：注意假钞识别。

支票结算：注意识别公司名称是否准确，印章及数字是否清晰，日期是否过期；支票不得折叠和涂改。

非现支付：注意微信、支付宝到账是否和运单价格一致。

中通快递运费收费标准及规则

二、计划

（一）目标

能够完成快件计费重量的确定。

（二）步骤

快递称重工作步骤如表 2-21 所示。

表 2-21　快递称重工作步骤

步骤序号	工作步骤
1	分组，每组 3~4 人
2	用称重器测量快件实际重量，取整
3	用卷尺测量快件长宽高
4	计算体积重量
5	对比实际重量和计费重量
6	确定计费重要

三、执行

（一）执行准备

快递称重执行准备如表 2-22 所示。

表 2-22　快递称重执行准备

场地准备	备件准备	资料准备
快递实训中心	已打包快件、称重器、卷尺、纸笔、计算器	教学课件、项目单、记录表、视频教学资料、网络教学资源、评分表

（二）实施计划表

完成计划，并在下表"具体内容"一列中，回答"项目"列的问题。快递称重实施计划表如表 2-23 所示。

表 2-23　快递称重实施计划表

步骤序号	项目	具体内容
1	快件实际重量	
2	快件长宽高	
3	快件体积重量	
4	实际重量和体积重量的比较	
5	快件计费重量	

四、检查评估

快递称重分析评价表如表 2-24 所示。

表 2-24 快递称重分析评价表

考核项目	评分标准	分数	扣分值 学生自评	扣分值 小组互评	扣分值 教师评价	扣分理由
团队合作	是否协调	10				
活动参与	是否积极主动	10				
称重操作	步骤是否正确、规范、读数是否正确	25				
体积计算	测量是否正确	15				
体积重量计算	计算是否正确	15				
计费重量计算	判断是否正确	15				
劳动纪律	是否严格遵守	10				
总分		100				

学生签名（互评）：　　　　　　　　　　年　月　日　得分：

教师签名：　　　　　　　　　　　　　　年　月　日　得分：

五、反思总结

在本任务的学习过程中，遇到了哪些困难？这些困难是如何解决的？

课后练习

1. 填空题

（1）_____指一票需要寄递快件包括包装在内的实际总重量，既计重称上直接读取的重量。

（2）公路运输中，轻泡货物指平均每立方米不满_____的货物。

（3）快件运输过程中用于计算资费的重量，是整批快件实际重量和体积重量两者之中的_____。

（4）资费：指快递企业在为寄件人提供快递承运服务时，以快件的重量为基础，向用户收取的_____。

（5）包装费：是指快递企业在为了更好地保护寄递物品的安全，为寄件人提供专业包装而产生的包装费用，包括_____和_____。

2. 选择题

（1）快递服务费用的制定应按照《中华人民共和国价格法》的规定，遵循（　　）的原则。

A. 公平

B. 合法

C. 诚实

D. 信用

（2）确认付款方式时，（　　）应注意其支付金额是否与运单价格一致。

A. 第三方支付公平

B. 现金结算

C. 支票结算

D. 非现支付

3. 问答题

（1）在不同的运输方式中，轻泡货物时如何区分的？

（2）快递资费的收费标准有哪些？

情景 3　派件服务

情景导入

随着新的学年开始,同学们迎来了开学季,而这个时期大件包裹的数量明显增多。很多同学希望在出行时能更加轻松,因此选择提前将行李寄送到学校。然而,由于疫情的影响,学院采取了严格的疫情防控政策,新生入校后需要立即进行寝室隔离,因此无法前往快递中心领取自己的包裹。学生对快递进行消杀分拣现场如图 3-1 所示。

图 3-1　学生对快递进行消杀分拣现场

快递店工作人员及物流顺丰班的同学,齐心协力,将校外送达的快递包裹消杀入库后,再通过学生填报、分批分拣的方式,提前将学生紧急生活物资挑选出来按系存放,由各系联络人统一领取。

思考:

(1) 开学季学生货物,哪些物品是不可以进入校园的?

(2) 开学季同学们的行李如何更合理地派送?

知识架构

派件服务知识架构如图3-2所示。

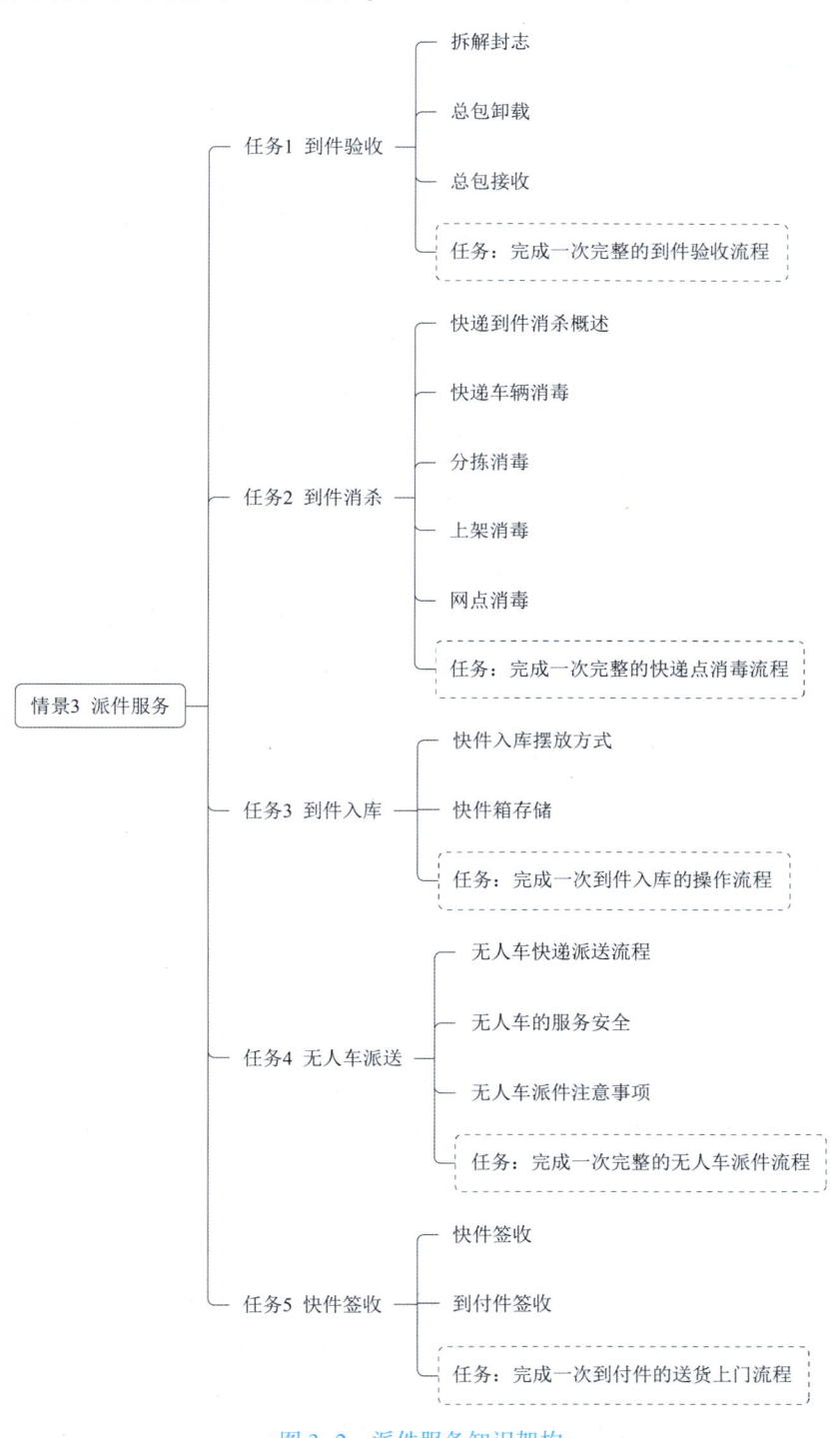

```
情景3 派件服务
├── 任务1 到件验收
│   ├── 拆解封志
│   ├── 总包卸载
│   ├── 总包接收
│   └── 任务：完成一次完整的到件验收流程
├── 任务2 到件消杀
│   ├── 快递到件消杀概述
│   ├── 快递车辆消毒
│   ├── 分拣消毒
│   ├── 上架消毒
│   ├── 网点消毒
│   └── 任务：完成一次完整的快递点消毒流程
├── 任务3 到件入库
│   ├── 快件入库摆放方式
│   ├── 快件箱存储
│   └── 任务：完成一次到件入库的操作流程
├── 任务4 无人车派送
│   ├── 无人车快递派送流程
│   ├── 无人车的服务安全
│   ├── 无人车派件注意事项
│   └── 任务：完成一次完整的无人车派件流程
└── 任务5 快件签收
    ├── 快件签收
    ├── 到付件签收
    └── 任务：完成一次到付件的送货上门流程
```

图3-2 派件服务知识架构

任务1 到件验收

项目描述

本项目旨在培养学生能够减少因不规范操作造成快递货物破损、丢失及其他异常，保障快递验收流程高效、正常的运行。

学习目标

1. 知识目标

（1）通过本任务的学习，使学生了解到件验收的基本流程和要点。

（2）掌握核验快递信息、检查包裹完整性和无明显破损、核对货物信息等方法。

2. 能力目标

（1）掌握正确的到件验收技巧和方法。

（2）能准确判定包裹的完整性和准确性，能与快递员进行有效的沟通和协调。

3. 素养目标

（1）通过本任务的学习，培养学生细致认真的态度，注重细节，确保到件验收的准确性和可靠性。

（2）提高责任心和合作意识，能与团队成员、快递员等进行良好的合作和协作。

学习内容

一、知识储备

（一）拆解封志

快递总包拆解封志是快递物流过程中的重要环节，它记录了快递公司对待派送的快递总包进行拆解和封装的详细信息。其目的是确保待派送的货物能够按照正确的路线和时限送达，同时也是为了方便快递公司对货物的管理和追踪。

在进行快递总包拆解封志时，需要注意以下知识点：

（1）拆包过程：拆解快递总包需要按照指定的程序进行，务必谨慎操作，避免对货物造成损坏。快递员应按顺序逐个拆解总包，并注意记录包裹数量和状态。

（2）路由信息：在拆解过程中，需要记录每个包裹的发件人、收件人、包裹号码等重要信息，以及货物的类型和数量。这些信息将有助于后续的派送和追踪。

（3）封装过程：在确认拆解完成后，需要将派送的包裹重新封装起来。封装时要确保包裹紧密而安全地放置在快递袋或箱子中,避免包裹在运输过程中出现损坏或丢失。

(4) 记录准确性:快递公司的工作人员需要准确地记录每个包裹的信息,并在封装完成后仔细检查以确保记录的准确性。这将为快递员在派送过程中提供准确的指引。

(5) 真实性和保密性:快递总包拆解封志应真实记录每个包裹的信息,同时要保护快递用户的隐私。快递公司要确保数据的保密性,防止信息泄露和滥用。

总之,快递总包拆解封志是快递物流过程中重要的环节,通过准确记录拆解和封装过程中的信息,可以确保包裹的安全和准时派送,提升用户体验。快递员需要掌握相关知识,正确操作和记录,以保障快递业务的顺利进行。快递中常见的封志类型如表3-1所示。

表3-1 快递中常见的封志类型

(二)总包卸载

快递总包卸载是指快递公司将待派送的快递总包从运输工具(如卡车、货车等)上卸下并暂时存放的过程。

快递总包卸载是快递物流过程中的重要环节,它涉及将待派送的快递总包从运输工具上安全卸下,并进行临时存放和管理。卸载过程需要特别注意货物的安全和准确性。

在进行快递总包卸载时,需要注意以下几点:

（1）安全操作：在卸载快递总包前，需要确保卸载场地安全并符合相关的操作规范。操作人员应戴好个人防护装备，使用适当的工具和设备，确保操作的安全性。

（2）按序卸载：卸载过程需要按照快递单号或其他标识来逐个卸载快递总包。操作人员应仔细核对货物信息，确保将每个包裹卸载下来，并防止漏卸或错误卸载。

（3）上下级配合：在卸载过程中，需要协调好上下级之间的配合。上级负责操作卸货设备，下级则负责仔细接收和核对货物。双方需密切协作，确保卸载过程的顺利进行。

（4）堆放合理：卸载下来的包裹需要在暂时存放点进行合理堆放，避免包裹互相碰撞或受损。合理的堆放有助于后续的分拣和派送工作。

（5）记录准确性：在卸载过程中，操作人员需要准确记录每个包裹的信息，包括发件人、收件人、单号等。这些信息将有助于快递公司进行后续的派送和查询。

总之，快递总包卸载是快递物流过程中重要的一环，通过安全、有序地卸载和暂时存放待派送的包裹，能够确保货物的完整性和准确性。相关人员应掌握正确的操作方法和流程，严格遵守规范，并注意防范卸载过程中可能出现的安全风险。这样可以确保快递业务的高效进行，提升用户体验。

（三）总包接收

快递总包接收是快递物流过程中的重要环节，它涉及对待分拣和派送的快递总包进行接收并进行登记，以确保货物的准确性和完整性。

在进行快递总包接收时，需要注意以下几点：

（1）接收过程：接收人员应注意接收的总包数量和状态，确保每个总包都被正确标识和记录。接收人员需要与送达人员核对货物信息，以确保接收到正确的总包。

（2）核对货物：接收人员应按照发件清单和系统记录，核对接收到的总包数量和货物信息。对于有明显破损或异常的包裹，应及时与送达人员或相关部门进行沟通和处理。

（3）登记记录：接收人员应将接收到的总包信息进行登记记录，包括发件人、收件人、包裹号码等重要信息。这些记录将有助于后续的分拣和派送工作，以及对货物的追踪和查询。

（4）有效沟通：接收人员应与送达人员、分拣人员等进行有效的沟通和协作，及时解决可能出现的问题。如有异议或误差，应及时沟通和调整，确保货物的正确性和时效性。

（5）报告管理：接收人员应向上级报告接收情况，特别是对于异常情况或特殊要求的快递总包。管理层将根据接收报告进行后续处理和管理，确保货物的流转和交付。

总之，快递总包接收是快递物流过程中重要的一环，通过准确和仔细地接收、核对和记录待分拣和派送的总包，可以确保货物的准确性和完整性。接收人员应掌握正确的接收流程和操作方法,做好相关记录和沟通工作。这样可以确保快递业务的高效进行,提升用户体验。

素养园地

快递进村了② | 村里的枇杷、耙耙柑……通过快递进城了

"做了10年的快递收寄服务,每天进村的件量由原来的四五十件到现在的四五百件,遇到业务高峰时单日收包裹上千件。"近日,邛崃市大同镇陈院村村民蔡根群在自家的快递驿站,向记者讲述了她与快递的故事,见证了快递进村给农村消费和农产品进城带来的改变,如图3-3所示。

她说,随着越来越多的快递包裹进村,快递出村也成为农产品向城市流通的新选项,村里的腊肉、茶叶、枇杷、耙耙柑等农特产品也能通过快递进城。"冬天的腊肉寄递多,前段时间耙耙柑、茶叶、枇杷相继上市,多的时候每天要揽收100多件包裹。"

图3-3 进村的快递带动农特产品流通进城

蔡根群所在的陈院村,距离县城约12公里,她与邛崃邮政分公司合作建立的邮快驿站,由邮政免费提供货架、电子秤、扫描机等设备并进行业务培训,她提供场地、负责运营,向包括邮政在内的所有快递企业,甚至从事社区团购的企业提供下单和收寄服务。

这个邮快驿站,服务范围涉及陈院村和周边的三个村,加上陈院村是场镇所在地,每逢集市"赶场",快递驿站的人流就会大起来,不仅来取包裹、寄快递,团购的生鲜等也都来驿站提取或签收。"每家快递企业支付给驿站的投递服务费用不等,但都是按件量来算,有的1元/件,有的2元/件,也有几角钱一件,而收件的

情景3 派件服务 99

服务费大都依照所收件的快递费用另行计算。"对蔡根群来说，自然是快递越多越好。

在她的快递驿站内，存放着邮政、顺丰、中通、圆通、韵达等不同快递品牌的包裹，换句话说，目前市面主流的快递企业都将包裹送进了村，只不过送的方式有不同而已。有的自己送货上门，如邮政，有的搭邮政的"便车"，因为邮政为民营快递企业提供了邮路共享的服务，其他的快递企业以市场化的逻辑，共享邮政的运输路线和运力资源。快递企业送货进村的时候，也会把驿站揽收的快递转运进县城，向外流通。

像这样的邮快驿站，在邛崃市甚至成都市还有很多。在距离大同镇不远的临邛街道，村民王芳同样在驿站内分享着"商超+邮政+快递"的红利，每天约50件包裹，大都自取，也给家里的小超市增加了人流量。

快递进村，受益最大的还有村民们，"在家门口取快递，网购体验感更好。寄快递两三天时间可以到达全国大多数地方，很方便，果子也能卖个好价钱。"村民说。

统仓共配的县级网点，促进快递物流提速降费。

只是蔡根群不知道，此时的县城内，国家级电子商务进农村综合示范项目已经建成投运。该项目由成都邮政实施，推进农村电子商务公共服务体系建设、县乡村三级物流配送体系建设、特色产品品牌培育推广、快递物流提质增效等。项目的建成投运意味着邛崃的三级物流体系建设，从末端驿站的共享、村镇的邮路共享，进展到县级的"统仓共配"。

据邛崃市有关方面介绍，该项目建设的邛崃市仓储物流配送中心，占地面积约2 000平方米，配备自动化分拣、智慧化管理相关设施，每小时处理包裹1.2万余件。下一步，还要通过市场化合作方式，推动邛崃邮政与民营快递企业合作，依托镇村站点，实施不同快递企业的"统仓共配"，实现包裹末端投揽的提速降费。

"当前，能够配备自动化分拣设备的县级中心还很少见，这都是依托政策红利，将我们县级中心快递分拣时间从原来的2小时缩短到现在的不到1小时，极大提高了包裹分拣效率。"邛崃邮政分公司相关负责人介绍。

上述负责人还介绍，目前韵达已经入驻中心试运行，待接通韵达的数据之后，可以同时分拣邮政、韵达的快递包裹。未来还将引入更多的快递企业。这样在提升快递物流质效的同时，逐步推动更多农特产品出村。

这也正是"蔡根群"们所期盼和向往的。

网址：https://www.sohu.com/a/680869117_355475

二、计划

（一）目标

完成一次完整的到件验收流程。

（二）步骤

到件验收步骤如表 3-2 所示。

表 3-2　到件验收步骤

步骤序号	工作步骤
1	对到达的车辆进行检查
2	检查交接单
3	拆解车辆封志
4	清点快件数量
4	进行总包验收
5	交接签收

三、执行

（一）执行准备

到件验收执行准备如表 3-3 所示。

表 3-3　到件验收执行准备

场地准备	设备准备	资料准备
快递操作实训室	快件交接处理系统	教学课件、项目单、记录表、视频教学资料、网络教学资源、评分表

（二）实施计划表

完成计划，并在下表"具体内容"一列中，回答"项目"列的问题。到件验收实施计划表如表 3-4 所示。

表 3-4　到件验收实施计划表

步骤序号	项目	具体内容
1	总包有几个？快件数量多少	
2	交接单是否制作规范	
3	交接单是否填写规范	
4	验收顺序是否正确	
5	是否对总包进行称重？重量是否有误差	

四、检查评估

到件验收分析评价表如表 3-5 所示。

表 3-5　到件验收分析评价表

考核项目	评分标准	分数	扣分值 学生自评 20%	扣分值 小组互评 30%	扣分值 教师评价 50%	扣分理由
职业素养	认真负责，充满热情	10				
职业素养	具有良好的团队合作精神	10				
职业素养	细心，条理清晰	10				
知识素养	掌握总包验收的理论	15				
知识素养	掌握总包验视的流程	15				
职业技能	熟悉到件验收的流程	20				
职业技能	能够完成到件验收任务	20				
总分		100				

学生签名（互评）：	年　月　日	得分：
教师签名：	年　月　日	得分：

五、反思总结

在本任务的学习过程中，遇到了哪些困难？这些困难是如何解决的？

六、知识链接

快递封志异常处理方法

快递封志异常是指在快递派送过程中，客户发现快递包裹的封志（快递袋或箱子上的标志或封条）存在异常，如破损、涂改或缺失等情况。为了保证业务的安全和可靠性，快递公司需要采取相应的异常处理方法来处理这种情况。以下是几种常见的快递封志异常处理方法：

（1）拒签处理：如果客户在收到快递时发现封志异常，并怀疑包裹的完整性受到了影响，可以选择拒签处理。客户可以在快递单上标注问题，然后与快递员协商将包裹退回或保留在仓库等待进一步处理。

（2）值异常登记：在快递派送过程中，快递员可以在交接单、派件工作单上进行值异常登记。详细记录发现的封志异常情况，并记录客户的意见和要求，然后及时进行报备，通知相关部门进行进一步调查和处理。

（3）抽查和调查：快递公司可以采取抽查和调查的方式，对封志异常的包裹进行检查和核实。通过调查可了解是否存在人为破坏或偷窃等情况，并采取适当的措施，如调查快递员的操作问题或增加对涉案货物的安全防护等。

（4）赔偿和补偿：如果客户的包裹在快递派送过程中出现了封志异常导致的损失或损坏，快递公司应该按照相应的赔偿和补偿规定，向客户赔偿损失。客户可以向快递公司提供相关证明材料，并按照公司的规定进行索赔。

（5）加强安全措施：快递公司在发现封志异常问题后，应加强安全措施，如增加封志的可靠性和防篡改性，加强包裹封装和防护措施，以保证货物的安全和完整性。

课后练习

1. 填空题

（1）拆解车辆封志，首先要认真检查封志是否已被打开，封志上的印志号码或_____是否清晰可辨。

（2）拆解塑料封扣时，剪口应在拴有包牌一面的扣齿处，以保证_____不脱落。

（3）车辆封志一般有门锁、特制塑料或_____等种类。

（4）装车时遵循"大不压小、重不压轻、先出后进、_____"的原则。

（5）车辆封志大体上可分为两类。一类是_____，另一类是信息封志。

2. 选择题

（1）下列关于交接验收注意事项不正确的是（　　）。

A. 核对交方车辆和押运人员的身份是否符合业务要求

B. 检查交接单的内容填写是否完整，有无漏项，章戳签名是否规范正确

C. 明确车辆的到达时间是否延误

D. 对于不符合标准的总包，要先接收后处理，不要耽搁时间

（2）快件卸载结束后，接收人员应在作业面检查（　　）。

A. 车辆封志

B. 上传数据

C. 遗留快件

D. 人员身份

（3）分拣中心场地人员在办理总包接收操作时，不需要进行（　　）。

A. 核对数量

B. 签收快件

C. 验视总包

D. 扫描称重

（4）快件处理场地必须设置监视系统，关键部位要（　　）。

A. 封闭作业

B. 安装摄像头

C. 设置警戒线

D. 安装照明

（5）总包拆解方式中不包括（　　）。

A. 验视总包路向，封装规格，剔除误发的总包

B. 问题件交主管处理

C. 扫描包牌条码信息，手工键入无条码信息

D. 验视内件，更改收件人信息

（6）下列对运单粘贴描述不正确的是（　　　）。

A. 使用胶纸时，不得使用有颜色或者带文字的透明胶纸覆盖运单内容

B. 挤出运单袋内的空气，再粘贴胶纸，避免挤破运单袋

C. 运单要与内件一致，避免运单错贴在其他快件上

D. 运单尽量粘贴在骑缝线上，起到封条作用

3. 问答题

（1）请简要回答总包封装的基本要求。

（2）总包拆解后的异常情况常见的有哪些？

任务2　到件消杀

项目描述

本项目旨在培养学生能够对包裹进行消毒和杀菌的处理，以确保包裹的卫生和安全能力。

学习目标

1. 知识目标

（1）熟悉不同的消毒方法和工具，如酒精消毒、紫外线消毒等。

（2）理解消毒操作的基本原理和流程，包括消毒剂的选择和使用方式。

2. 能力目标

（1）能够正确使用消毒工具和设备，如酒精喷雾、紫外线消毒设备等。

（2）能够使用运单打印机，并能够完成快递运单的打印和粘贴。

3. 素养目标

（1）关注行业发展和相关政策，不断更新和提升自身的专业知识和技能。

（2）培养学生团结协作，准确快速的团队意识。

（3）具备卫生意识和责任感，能够将卫生安全作为工作的首要关注点。

学习内容

一、知识储备

（一）快递到件消杀概述

快递到件消杀是指在快递包裹到达快递中心或分拣中心后，对包裹进行消毒和杀菌的处理，以确保包裹的卫生和安全。在当前全球疫情的背景下，快递到件消杀显得尤为重要。以下是几种常见的快递到件消杀方法：

（1）表面消毒：对于包裹的外部表面，可以使用酒精喷雾或消毒湿巾进行擦拭。酒精有消毒作用，能有效杀灭细菌和病毒。快递人员可以佩戴手套和口罩，在安全的环境中进行包裹的表面消毒处理。

（2）包裹隔离：将到件的包裹放置在特定的隔离区域，根据包裹的来源和流向，进行分类存放。这样可以防止潜在的病原体传播，保护其他包裹和工作人员的安全。同时，在隔离区域内保持清洁、通风，有助于降低风险。

（3）空气消毒：快递中心和分拣中心可以考虑使用紫外线消毒设备对空气进行消毒。紫外线具有较强的杀菌能力，能够有效消灭空气中的微生物，减少交叉感染的风险。快递中心可以在合适的条件下，定期对空气进行紫外线消毒处理。

（4）仪器消毒：对于可能接触到包裹的仪器和设备，如传送带、扫描枪等，也需要进行消毒处理。快递中心和分拣中心可以使用消毒液或紫外线灯对仪器进行定期消毒，以确保装运过程中的卫生和安全。

思考：

快递到件消杀在未来可能的发展趋势是什么？是否会出现更多自动化的消毒设备或技术？

▶ 素养园地

记者探访快递公司——多道消杀确保快递安全到家

近日，国内部分地区发现快递物品外包装检测结果为阳性。恰逢"双十一"高峰期间，快递包裹如何消杀，成了市民关心的话题。11月17日，重庆日报记者走进快递网点和居民取件点，探访快递消杀情况。

快递消杀现场如图3-4所示。

图3-4　快递消杀现场

2021年11月17日，在中邮重庆市分公司空港邮件处理中心，入口处的管道喷雾式消杀器在垛口对包裹进行自动消毒。

上午8点30分，记者来到中国邮政重庆市渝北片区分公司人和营业部（以下简称人和营业部），大大小小的包裹在传送带流转，等待工作人员分拣。记者注意到，身着防护服，戴上口罩、手套，"全副武装"的消杀员张庆忠拿着灌满消毒液的喷壶站在传送带最前面，对准包裹的外表面依次喷洒。他仔细消杀完每一件快递后，才放心让后面的同事接触。

2021年11月17日，在中国邮政重庆市渝北片区分公司人和营业部，工作人员正在对投递车辆进行消杀，如图3-5所示。

图 3-5 对投递车辆进行消杀现场

"我必须站在最前面,所有的包裹必须经过我消杀后才能让同事们分拣。"57岁的张庆忠因为身体原因今年"转型"做了专职消杀员。"每天早上6点40分我就到岗了,一直坚持到中午换第二班员工。"张庆忠称,上岗前他们接受了严格防疫消毒培训,每天至少准备两壶消毒液。

上午9点,第一批快递车准备离开营业部,将包裹直接送到小区。张庆忠把喷壶设定为自动模式后,换了"装备",背上了可容纳20升消毒液的手动喷雾器。只见他拿起喷枪,对车辆前前后后全方位地消杀。"这是我工作量最大的一个环节,车辆消毒需要40分钟,一天就要消耗消毒液30升。"张庆忠说。

人和营业部经理聂翅告诉记者,营业部工作人员上下班都会测体温,全程佩戴口罩和手套。"此前,我们所有工作人员都做了两次核酸检测。"聂翅称,11月5日与8日,两次全员核酸检查结果皆为阴性。

聂翅介绍说,快递来到重庆至少经过三道消杀。快递来到邮件处理中心后,会第一时间进行消杀;到达营业部后,工作人员先消杀再分拣,同时会对车辆、传送带、现场环境进行消毒;快递离开营业部到达取件点后,工作人员会再次消杀。

2021年11月17日,在邮快超市龙湖南苑店,工作人员正在包裹存放区对包裹进行消杀。

上午9点40分,记者跟随快递员来到了位于渝北区龙湖南苑的邮快超市,此时第一批包裹已经上架。邮快超市负责人符志华正在用喷壶逐个消杀包裹,记者看到前台上也有免洗的消毒液供居民使用。

消杀完成后,陆续有居民来到邮快超市取件。符至华一边为居民取快递,一边提醒大家保持1米的社交距离。"快递包装能不能直接交给你们处理?"有居民问道。"可以,麻烦你把包裹拆开后,把外包装放在进门口靠墙边的角落。"符至华说,"有些居民防护意识比较强,觉得快递包装很脏,不愿意带进家门。我们就清空了一个角落专门放快递袋子、纸盒等包装，每天都要消杀好几次。"

网址：https://baijiahao.baidu.com/s?id=1716682357602310213

（二）快递车辆消毒

车辆到达营业网点后，工作人员对车辆与货物全方位消杀：车辆的外身、轮胎、门把手等，任何一处都不放过。

对车辆内部的表面进行消毒处理，特别是经常接触的部位。使用合适的消毒液（如酒精消毒液或漂白粉溶液）擦拭或喷洒在表面上，按照所选消毒剂的使用说明进行操作。快递车辆消毒现场如图 3-6 所示。

图 3-6　快递车辆消毒现场

（三）分拣消毒

分拣环节，工作人员在严格做好防护措施后再对货物进行分拣。营业网点每日多频次消杀和通风，从操作间地面、快递传送带到每一个快递包裹，都会喷洒消毒，确保全覆盖、无死角、零盲区，保证生产生活环境清洁卫生。学生对快递分拣消毒现场如图 3-7 所示。

图 3-7　学生对快递分拣消毒现场

情景 3　派件服务　　109

（四）上架消毒

工作人员工作期间戴手套作业，测量体温并登记信息。上架前，先对分拣车辆进行仔细消毒，然后进行上架；上架后，用手消毒剂进行手消或者用流动水按六步法洗手，避免用未清洁的手触摸口、眼、鼻。学生对快递上架消毒现场如图3-8所示。

图3-8 学生对快递上架消毒现场

（五）网点消毒

快递网点从严从紧、从细从实落实防疫措施，筑牢快件安全防线。运送车辆到达网点后，每个快件外包装均要进行"六面"全消杀，力求防控细节到位。结束营业后，再次对网点以及包裹进行全面的消杀。学生对营业网点消毒现场如图3-9所示。

图3-9 学生对营业网点消毒现场

二、计划

（一）目标

独立完成一次完整的快递点消毒流程。

（二）步骤

快递消杀步骤如表 3-6 所示。

表 3-6　快递消杀步骤

步骤序号	工作步骤
1	配置消毒水前戴上橡胶手套（厨房手套或医用手套）和口罩
2	按照 84 消毒剂（或其他含有 5%次氯酸钠的家用漂白剂）和水的稀释比例为 1∶100 进行调配
3	对快递车辆、分拣、上架、网点四个环节进行消毒
4	对每一件快递逐一消杀

三、执行

（一）执行准备

快递消杀执行准备如表 3-7 所示。

表 3-7　快递消杀执行准备

场地准备	备件准备	资料准备
快递实训中心	快递运输车辆、消毒物资	教学课件、项目单、记录表、视频教学资料、网络教学资源、评分表

（二）实施计划表

完成计划，并在下表"具体内容"一列中，回答"项目"列的问题。快递消杀实施计划表如表 3-8 所示。

表 3-8　快递消杀实施计划表

步骤序号	项目	具体内容
1	是否按照一定的消毒配比进行	
2	是否对快递车辆、分拣、上架、网点四个环节进行消毒	

四、检查评估

快递消杀分析评价表如表 3-9 所示。

表 3-9 快递消杀分析评价表

考核项目	评分标准	分数	扣分值 学生自评 20%	扣分值 小组互评 30%	扣分值 教师评价 50%	扣分理由
职业素养	具有良好的沟通交流能力	10				
职业素养	具有良好的团队合作能力	10				
职业素养	具有良好的专业行为规范	10				
知识素养	明确消毒的注意事项	15				
知识素养	熟悉消毒的程序	15				
职业技能	熟悉消毒的处理步骤	20				
职业技能	能够独立完成一次消毒	20				
总分		100				
学生签名（互评）：			年 月 日			得分：
教师签名：			年 月 日			得分：

五、反思总结

在本任务的学习过程中，遇到了哪些困难？这些困难是如何解决的？

六、知识链接

快递公司对于到件消杀有着专门的操作规范和流程，以确保快递包裹的卫生安全。以下是一些可能涵盖的到件消杀知识，您可以联系所使用的快递公司获取更详细和准确的信息：

（1）到件消杀的目的和重要性：了解快递公司对到件消杀的重视程度和它对卫生安全的重要作用。

（2）操作规范和流程：了解快递公司关于到件消杀的具体操作规范和执行流程，包括消毒剂的选择和使用方法、消毒频率等。

（3）消毒剂选择和使用：了解快递公司常用的消毒剂种类、配比和使用指南，例如酒精消毒液、氯己定溶液等。

（4）消毒设备和工具：了解快递公司使用的消毒设备和工具，如喷雾器、擦拭布或消毒喷雾剂等。了解其使用方法和保养维护。

（5）消毒区域和目标：了解快递公司所关注的消毒区域和目标，例如车辆内部、包裹处理区域、仓库等。

（6）快递员的操作和防护措施：了解快递员在到件消杀过程中应该采取的操作步骤和个人防护措施，如佩戴口罩、手套等。

（7）操作记录和监测措施：了解快递公司对到件消杀操作进行记录和监测的方式，以确保操作的有效性和及时性。

课后练习

1. 填空题

（1）根据"凡进必管，凡进必消，先消后分，_____"的原则，对_____、_____、_____、_____等环节进行全链条、全方位消毒，对每一件快递的 6 个面（即全部外表面）使用含有效氯 500 mg/L 的含氯消毒剂全部喷洒消毒后方可搬运至指定位置上，消毒完毕放置 30 分钟后才可入库存放。

（2）若快递包装不耐腐蚀，应当使用_____%酒精擦拭消毒。严禁使用酒精_____消毒。

（3）若为文件、报纸等纸质物品，可以使用_____消毒。

2. 选择题

（1）是否需要进行包裹外表面的消毒？（   ）

A. 是，所有包裹的外表面都需要进行消毒

B. 只有部分包裹的外表面需要进行消毒，如可疑包裹或有污染风险的包裹

C. 不需要进行包裹外表面的消毒

（2）若包裹不能直接消毒，应该如何处理？（   ）

A. 将包裹放置在专门的隔离区，观察一段时间再进行消毒

B. 避免处理该包裹，直接将其退回或进行进一步检测

C. 使用其他特殊消毒方法，如高温消毒

3. 使用何种消毒剂？（   ）

A. 酒精消毒液

B. 漂白水溶液

C. 具有抗菌特性的专用消毒剂

3. 简答题

（1）简述快递消毒流程？

（2）简述快递人员消毒操作规范要求。

任务3　到件入库

项目描述

本项目旨在培训学生对快递公司的操作规范以及快递驿站的设施使用的能力。

学习目标

1. 知识目标

（1）知道到件入库的步骤和流程。
（2）理解到件入库的重要性和作用。
（3）熟悉包裹记录和库存管理的相关知识。

2. 能力目标

（1）能够准确记录和核对包裹的基本信息。
（2）具备进行包裹分类和分拣的能力。

3. 素养目标

（1）具备团队合作和协调的能力，以确保包裹分拣和入库的高效完成。
（2）着重保护顾客隐私和包裹的安全，确保符合相关法规和行业标准。

学习内容

一、知识储备

（一）快件入库摆放方式

快递到了快递服务中心，工作人员需要把快递按照快件所属的公司、包装、外形、性质、特点、种类、重量和数量分类整理整齐摆放至货架上，使用快递运营APP（如驿小店）将快递信息扫描录入系统，并将快件进行编号，该编号就是给客户发送的取件码。通过对快件进行编号方便通知客户，既可以提高工作效率，也能为客户提供更好的服务。并且可以让员工更好地完成工作，办公更加简单。

1. 摆放原则

不同包装入库操作标准也不同，主要分为以下两种包装：一般包装（袋装快件、盒装快件）、特殊类快件（生鲜快件、大件快件以及异形快件）。

快递摆放方式通常遵循以下原则：

（1）分类摆放：快递包裹按照不同的快递公司或快件包装进行分类摆放。这样可以方便后续管理。

（2）有序整齐：快递包裹应该整齐有序地摆放，确保不会造成包裹的混乱和损坏。摆放时可以使用货架、货物箱等储物工具，或者按照一定规则直接堆放。

（3）包裹标识：每个包裹都应该有清晰的标识，包括快递单号、收件人姓名和联系方式等信息。这样可以方便快递员和工作人员快速找到和取出指定的包裹。

（4）安全防护：对于特殊类型的包裹，如易碎品或者液体类物品，应采取相应的安全防护措施，以避免包裹在储存过程中受到损坏或者造成安全问题。

（5）空间管理：合理利用储存空间，尽量避免包裹堆积得过高或者无序堆放，以确保储存空间的最大利用和快递包裹的易于取用。

驿站快件摆放如图 3-10 所示。

图 3-10　驿站快件摆放

2. 快件的编号及通知

编号通常是由一串数字组成，用于唯一标识每个快递包裹。该编号可以在快递单上找到，通常是在快递单号下方或者与快递单号一起显示。可以通过以下方式获取有关快递包裹的通知：

（1）短信/电话通知：当包裹到达网点并进行扫描时，客户会收到短信或电话通知。通知内容通常包括快递包裹的编号、到达时间以及取件地址和联系方式等信息。

（2）APP 通知：如果客户使用网点或其他相关快递服务的手机应用程序，客户可以收到应用内的通知。这些通知将提醒客户快递包裹的到达和取件事宜，包括包裹编号和取件地址等信息。

（3）微信通知：如果客户在快递服务上进行过微信绑定，客户会通过微信接收到包裹到达和取件的通知。这些通知通常包含相应的快递包裹编号和操作指示等信息。

（二）快件箱存储

1. 快件柜的组成

（1）快递箱：是存储快递包裹的基本单元，通常由坚固的材料（如塑料或金属）制成，有不同尺寸和容量可供选择。快递箱可以带有标签或透明窗口，用于显示包裹的相关信息。

（2）货架/货柜：用于摆放和组织快递箱的支架或容器。货架通常具有多层或多格的设计，可以根据需要进行调整和配置。

（3）编号/标识系统：为了方便管理和跟踪快递包裹，每个快递箱都应有独特的编号或标识。这些编号可以通过条形码、二维码、RFID等技术实现，以便在到件入库时进行扫描和记录。

（4）信息管理系统：用于记录和管理快递箱的进出、位置、状态等信息的电脑系统。这个系统可以实现快递包裹的追踪、查询和分配等功能，提高物流效率和准确性。

（5）安全设施：为了保护快递包裹的安全性，快递箱存储系统通常配备有安全设施，如监控摄像头、入侵报警系统、防火措施等，以确保快递包裹在存储过程中不受损失或损毁。

智能快递柜如图3-11所示。

图3-11 智能快递柜

2. 快递柜存储功能

（1）储存和保护快递包裹：快件箱存储系统提供了安全的储存空间，可以有效地保护快递包裹免受损坏、丢失或被盗的风险。箱体的材料和设计能够承受常见的运输和处理过程中的冲击和压力。

（2）分类和组织：快递箱存储系统通过货架或货柜的设计，可以将不同大小、不同类型的快递箱进行分类和组织，提高仓库的空间利用率和工作效率。快递箱的编号或标识系统也帮助快递员或仓库工作人员快速找到和取出需要的包裹。

（3）追踪和管理：快件箱存储系统结合信息管理系统，可实现快递包裹的追踪和管理。通过扫描快递箱上的条码或二维码，可以记录快递包裹的进出、位置等信息，使快递包裹在到件入库和发货过程中能够进行准确的跟踪和管理。

（4）自助取件：一些快递箱存储系统还提供自助取件的功能。顾客可以通过输入取件码或身份验证等方式，自主取出自己的快递包裹，提高了取件的便捷性和自主性。

（5）数据统计与分析：快件箱存储系统记录了大量的包裹进出信息，这些数据可以被用于统计和分析，帮助快递公司或仓库管理者了解包裹的流动情况、热点时段等，从而作出更合理的运营决策。

3. 快递柜存储操作方式

（1）入库操作：当快递包裹到达仓库时，工作人员会进行入库操作。首先，他们会扫描包裹上的条码或二维码，将包裹信息输入到信息管理系统中。然后，根据包裹的大小和特性，选择合适大小的快递箱并放入其中。最后，快递箱会被放置在指定的储存位置，通常根据系统的提示或指引进行操作。

（2）取件操作：当顾客前来取件时，可以通过自助取件设备或与工作人员交互进行取件操作。对于自助取件设备，顾客通常需要输入取件码或通过身份验证等方式进行身份确认。然后，系统会自动寻找并打开存放着该顾客包裹的快递箱。对于人工取件，工作人员会根据顾客提供的取件信息，通过扫描条码或手动查找，找到对应的快递箱并将包裹交给顾客。

（3）快递箱位置调整：在仓库管理过程中，可能需要调整快递箱的位置以适应不同的需求。这可以通过系统的指引，根据快递系统的储存原则来进行操作。工作人员可根据系统提示，将指定快递箱移动到新的位置，并更新系统中的位置信息。

（4）状态更新：在快递包裹的运输和储存过程中，需要及时更新包裹的状态，以提供准确的信息追踪。例如，在包裹入库后，会将包裹状态更新为"已入库"，并记录入库时间和位置。类似地，在包裹取件后，会将包裹状态更新为"已取件"，并记录取件时间和取件人信息等。

二、计划

（一）目标

分组模拟完成到件入库的操作流程。

（二）步骤

到件入库工作步骤如表 3-10 所示。

表 3-10　到件入库工作步骤

步骤序号	工作步骤
1	登录驿小店 APP，注册收派员身份信息，并登录
2	按照不同的快递公司、快件包装等上架摆放
3	将快件信息录入系统
4	对快件信息进行编号
5	系统发送通知短信

三、执行

(一) 执行准备

到件入库执行准备如表 3-11 所示。

表 3-11 到件入库执行准备

场地准备	备件准备	资料准备
快递实训中心	手机、终端操作系统	教学课件、项目单、记录表、视频教学资料、网络教学资源、评分表

(二) 实施计划表

完成计划，并在下表"具体内容"一列中，回答"项目"列的问题。到件入库实施计划表如表 3-12 所示。

表 3-12 到件入库实施计划表

步骤序号	项目	具体内容
1	快件数量有多少	
2	使用系统步骤有几个	
3	人均上架时效是多少	

四、检查评估

到件入库分析评价表如表 3-13 所示。

表 3-13 到件入库分析评价表

考核项目	评分标准	分数	学生自评 20%	小组互评 30%	教师评价 50%	扣分理由
职业素养	具有良好的沟通交流能力	10				
	具有良好的团队合作精神	10				
	具有良好的专业行为规范	20				
知识素养	了解快递入库的操作流程	10				
	掌握快递入库的操作规范	20				

情景 3　派件服务

续表

考核项目	评分标准	分数	扣分值			扣分理由
			学生自评 20%	小组互评 30%	教师评价 50%	
职业技能	能够独立完成到件入库任务	20				
	能够优化到件入库的过程	10				
总分		100				
学生签名（互评）：				年　月　日		得分：
教师签名：				年　月　日		得分：

五、反思总结

在本任务的学习过程中，遇到了哪些困难？这些困难是如何解决的？

六、知识链接

智能快递柜适用于多种场景和行业，其中包括但不限于以下几个常见的应用场景：

（1）住宅小区：智能快递柜在住宅小区中广泛应用，解决了居民无人在家时无法及时收取快递的问题。居民可以通过智能快递柜自主取件，提高了快递领取的便利性和效率。

（2）办公楼和企事业单位：在办公楼、公司和企事业单位设置智能快递柜，既方便了员工领取快递，也节省了快递员上门送递的时间和成本。

（3）商业区和购物中心：智能快递柜适用于商业区和购物中心，方便消费者在购物后快速领取包裹，无须等待配送或前往快递网点。

（4）学校和校园：智能快递柜能够为学校提供快速、安全的快递存取服务。学生和教职员工可以在校园内的智能快递柜中自主取件，减少了包裹丢失或错发的风险。

（5）高密度居住区：在人口密集的城市区域，智能快递柜能够有效地解决快递配送的问题。快递员可以将包裹投放到智能快递柜中，居民可以根据自己的时间安排来取件，节省了配送时间和提供了更好的配送效率。

（6）公共场所：智能快递柜也可以安置于公共场所，如车站、机场、图书馆等地，旅客或读者可以方便地领取自己的包裹或书籍，提高了公共服务的便捷性。

（7）电子商务和零售业：对于电子商务企业和零售商来说，智能快递柜是一种便捷的配送方式。消费者可以在适合自己的时间和地点自主取件，提高了购物体验和客户满意度。

智能快递柜的应用场景不仅仅局限于以上几个方面，随着技术的不断创新和发展，智能快递柜的应用领域还在不断扩展。

课后练习

1. 填空题

（1）到件入库是指快递包裹在到达仓库或驿站后的储存和_____过程。

（2）在到件入库之前，工作人员需要核对包裹上的快递单号、收件人信息、发件人信息等，以确保包裹的_____和完整性。

（3）在到件入库过程中，需要注意保护包裹的安全性和顾客的_____。

（4）快件箱存储系统主要通过_____和_____来实现对快递包裹的管理和追踪。

（5）为了提高取件效率，一些仓库采用了自助取件设备，顾客可以通过输入正确的_____或进行身份验证，自主取出存放在对应快递箱中的包裹。

（6）为确保快递包裹的安全性，一些快件箱采用了物理锁或_____，只有授权人员或顾客才能打开快递箱，提高了快递包裹的安全性。

2. 选择题

（1）快递到件入库的目的是（　　）。

A. 核对包裹信息

B. 分配储存位置

C. 记录包裹数量和状态

D. 更新库存记录

（2）入库流程中，核对包裹信息的方法通常是（　　）。

A. 扫描快递单号

B. 手动输入快递单号

C. 核对包裹重量

D. 扫描收件人信息

（3）以下哪种标识系统常用于快件箱存储系统中标记和追踪快递包裹？（　　）

A. 条形码

B. 二维码

C. RFID

D. 以上都是

（4）自助取件设备的主要目的是（　　）。

A. 提高取件速度

B. 减少人工操作

C. 提供取件的便利性

D. 以上都是

3. 问答题

（1）请简要描述一下快递到件入库的流程是怎样的？

（2）到件入库过程中，如何确保快递包裹的安全性和保密性？

（3）自助取件设备在快件箱存储系统中的作用是什么？它如何提高取件效率？

任务4　无人车派送

项目描述

本项目旨在加深学生对当前物流行业前沿技术——无人车的了解，以及操作使用系统的能力。

学习目标

1. 知识目标

（1）掌握无人车的基本构造。

（2）了解无人车后台操作系统。

（3）了解无人车接单、派件流程。

2. 能力目标

（1）能够操作无人车后台系统。

（2）能够给无人车进行基本的维修。

3. 素养目标

（1）培养学生认真负责的工作态度和严谨务实的工作作风。

（2）培养学生履职尽责、实事求是的工作能力。

学习内容

一、知识储备

快件派送是指业务员将快件交给客户，并在规定的时间内，完成后续处理的过程。为降低运输成本，目前多数居民小区、校园内采取的方式是代理点代签收，然后由客户自行前往代理点，根据代理点发送的取件码取件。这种方式虽然大幅降低了运输成本，但是并不能解决"最后一公里"配送问题。无人车的出现，有效缓解了"最后一公里"的配送难题。

无人车邮件快件投递服务流程主要包括投递前、投递中、投递后、特殊情况及过程中的信息交互。投递前工作包括车辆检查、下单及取件。投递中工作包括包裹包装检查及装车、收件人取件。投递后工作包括无人车返程和车辆回收。各个环节应紧密配合，信息记录应完整准确，确保服务流程的安全性。

无人车如图3-12所示。

无人配送车的介绍

图3-12　无人车

（一）无人车快递派送流程

1. 投递前

（1）车辆检查。

开展邮件快件投递服务前，运营服务人员应对无人车进行检查，包括但不限于续驶里程、厢体状态等。

（2）下单及取件。

代理签收点会在快件上架后，发送一条包含取件码的短信给客户。取件码的信息通常包括货架编号、快件编号。无人车派送件属于增值服务，由客户自行选择是否使用。如果客户下单无人车派件服务，需要在订单上填写：送货地址、姓名、联系方式、取件码和送货时间。运营人员在接收到订单后，需要根据无人车厢体尺寸、装载能力、行驶速度等条件，对邮件快件进行筛选。

2. 投递中

（1）包裹包装检查及装车。

运营服务人员取件后，首先需要核对包裹信息。核对信息无误后，应检查包裹外包装是否完整、是否需要采取附加的防护措施，在确认包裹安全的前提下，将邮件快件装载到无人车上。

（2）取件。

根据无人车抵达投递地点时间，提前通知收件人取件，收件人可通过扫码、输入验证码等方式取件。无人车宜通过语音、操作屏提示等方式引导收件人完成取件操作流程。

3. 投递后

（1）车辆回收。

完成邮件快件投递后，无人车按照运营路线返程。

无人车返回投递场所后，运营服务人员应按照表 3-14 所示的检查清单进行车辆状态常规检查。

表 3-14　无人车常规检查清单

步骤	描述
状态检查	对无人车外观、机构部件、续驶里程等进行检查
格口检查	根据包裹投递信息进行检查，确保无丢件及误取件的情况
邮件快件卸载	对投递 2 次未能投交的以及与收件人沟通采用其他投递方式的包裹，进行卸载
信息记录	对无人车投递过程中的视频监控数据、车辆状态数据进行记录存储，记录信息应保存 30 天以上
入库停放	将无人车停放至车位
车辆维护	对传感器等关键零部件进行清洁除尘等日常维护
充换电池	根据车辆续驶里程进行无人车充电或更换电池；充电应在充电区域采用专用充电装置，不应超负荷用电

4. 特殊情况

由于车辆故障、极端天气或人为破坏等原因，导致无人车在投递中无法行驶的，无人车宜通过声光等方式发出预警提示信息并在无人车运营管理平台上进行提示。运营监控人员应采取必要的救助措施，避免对第三方的生命或财产安全造成威胁。无人车装载的包裹应予以及时处置。

5. 信息交互

无人车运营组织应注意无人车包裹投递过程中的信息交互，准确记录各环节数据，用于持续改善服务。信息交互包含但不限于：

（1）邮件快件信息：邮件快件单号、收件人姓名、联系方式、地址等。

（2）车辆信息：车辆编码、运营路线、实时位置、格口状态等。

（3）投递信息：投递地点、投递时间、投递状态等。

（二）无人车的服务安全

1. 总体要求

无人车运营组织不应在未经批准的区域开展无人车邮件快件投递服务。

2. 运营人员安全要求

无人车运营组织在开展无人车包裹投递服务时，应满足以下要求：

（1）对无人车运营监控人员、维修人员、运营服务人员定期开展交通法规和安全培训。

（2）制定无人车操作标准流程，定期对无人车运营监控人员、维修人员、运营服务人员进行安全操作培训。

（3）在无人车邮件快件投递场所设置必要的防护设施、安全标志及警示牌。

3. 包裹安全要求

（1）在投递过程中，应确保包裹不裸露在外。

（2）制定监控制度，确保无人车运行过程中包裹不丢失、不损坏。

4. 个人信息安全要求

无人车运营组织开展无人车快递投递服务，应符合国家相关法律法规和《寄递服务用户个人信息安全管理规定》，保障用户个人信息安全。

5. 突发应急预案

无人车运营组织应制定无人车应急处置预案及应急响应机制，针对可能发生的车辆故障、通信链路断开、电磁干扰、极端天气等潜在风险制定相应的应急保障措施，组织相关人员进行培训。

如出现重大事故问题，无人车运营组织应当及时向交通和邮政管理部门报告。

（三）无人车派件注意事项

超重、超限（超长、超宽、超高）、包装破损、易碎等邮件快件，不宜使用无人车进行投递。

无人车按运营路线行驶，行驶过程中，无人车运营管理平台应监控车辆行驶状态，确保无人车行驶安全。

收件人若未在规定时间内取件，在确保邮件快件安全的前提下，宜重新开展无人车包裹投递服务或采用其他方式进行投递，无人车离开投递地点前应发送信息通知收件人下次邮件快件的投递方式。

无人车在投递地点的等待时间宜由无人车运营组织根据承诺的寄递服务时限、交通拥堵程度等因素设置，并于取件前通知收件人。

收件人关于取件问题的反馈，无人车运营组织应及时做好记录并妥善处理。

取件时，需仔细核对快件信息和无人车订单信息，以免错误取件。

派送时，注意无人车订单信息中的送货时间，在时间段内完成送货，不要提前到达，也不要延迟到达。

素养园地

【建功新时代 喜迎二十大】河南联通："5G 无人智游车"领跑文旅融合新赛道

5G 创新变革，扬帆数字未来。在以 5G 为背景的"加速度"时代，5G 带来的数字技术创新，为文化产业赋予更多的新内涵，洛阳联通紧随时代潮流积极创新，持续推进"科技+文化+文旅+文创"深度融合，将龙门元素与 5G 技术相结合，旨在将龙门景区打造成为全国 5G 智慧旅游的新标杆。

"龙门·联通"号5G无人车运用"人车路网云一体化"的设计理念，实现"人、车、路、网、边、云"多路协同，构建完整的5G车路协同-自动驾驶解决方案。同时以联通千兆网络+5G网络为基础，布控路侧感知系统，采用5G-V2X技术，在园区内部署MEC边缘云+专用UPF，充分发挥5G大带宽、低时延、高可靠性的网络特点，在5G+MEC网络基础上，围绕5G车联网公共信息服务的核心理念。以L4自动驾驶车辆为实际载体的5G车联网产品体系，同时配备联通自研的线上智行车路协同平台，实现多重保障，并以此为基础开展5G无人车在景区的应用，探索"科技·文旅·文创"新思路。车内采用触屏操控自动规划路线，整车载客8人，随着电动自动门的打开，古今穿越之旅趣味盎然，使游客领略到了景区传统画卷与数字科技完美结合的新景色，体验者纷至沓来，拿出相机拍照留念，发出妙不可言的感叹：原来传统文化景区也可以这样潮！从2021年10月运营至今，"龙门·联通"号5G无人车累计接待游客10 000余人次。

来源：

http://www.chinaunicom.cn/ddjs/202210/1665536791733071257.html

二、计划

（一）目标

自行设置派送取件场景，完成一次完整的无人车派件流程，处理派件流程中可能遇到的问题。

（二）步骤

无人车派送工作步骤如表3-15所示。

表3-15　无人车派送工作步骤

步骤序号	工作步骤
1	分组，分为客户组（1~2人）、无人车派送组（1~2人）2组
2	客户组：完成无人车预约取件服务的下单。生成≥5的收货地址、≥2的送货时间
3	无人车派送组：根据订单信息，完成快件的取件、装车、配送
4	客户组和无人车派送组的成员互换身份，重复步骤2、3

三、执行

（一）执行准备

无人车派送执行准备如表3-16所示。

表 3-16　无人车派送执行准备

设备准备	资料准备
无人车、无人车派送预约单、无人车派送系统	教学课件、项目单、视频教学资料、网络教学资源

（二）实施计划表

完成计划，并在下表"具体内容"一列中，回答"项目"列的问题。无人车派送执行准备如表 3-17 所示。

表 3-17　无人车派送执行准备

步骤序号	项目	具体内容
1	收货地址有哪些	
2	送货时间有哪些	
3	使用了几个无人车的货箱	
4	无人车在每个收货地址的停靠时间是多久	
5	无人车派件过程中，是否有路线重复？若有，计算路线重复导致无人车多消耗的时间	

四、检查评估

无人车派送评价表如表 3-18 所示。

表 3-18　无人车派送评价表

考核项目	评分标准	分数	扣分值 学生自评	扣分值 小组互评	扣分值 教师评价	扣分理由
团队合作	是否协调	10				
活动参与	是否积极主动	10				
订单信息	是否能支撑生成多个送货场景	20				
无人车停靠时间设置	是否效率最高、损耗最少	30				
无人车线路设置		30				
总分		100				

学生签名（互评）：　　　　　　　　　　　　　年　　月　　日　　　得分：

教师签名：　　　　　　　　　　　　　　　　　年　　月　　日　　　得分：

五、反思总结

在本任务的学习过程中，遇到了哪些困难？这些困难是如何解决的？

六、知识链接

京东物流自 2016 年起就开始致力于智能快递车的研发和应用，也是首家将自动驾驶应用到物流配送实际场景中的企业。智能快递车最大可载重 200 千克，可续航 100 千米，集成了高精度定位、融合感知、行为预测、仿真、智能网联等 10 大核心技术，可以实现 L4 级别自动驾驶。后台可实时掌握车辆状态，关键时刻对车辆进行有效干预，全面提升了安全性及使用效率；结合人工智能算法和大数据技术，车辆对低矮障碍物的识别能力大大提升，有效提高了自动驾驶的智能水平。

在无人配送领域，京东物流是数量规模化最大，跑行时间最长，分布区域最广的。截至 2022 年 12 月 14 日，京东物流在全国 30 座城市已经投入运营超 700 台无人车。600 台智能快递车和超 100 台室内配送机器人的投用，为消费者提供"最后一公里"和"最后 100 米"末端配送服务，不仅覆盖社区、商圈的快递配送，还跟山姆、七鲜等多个商超配送系统打通，提供超市订单无人即时配送服务。

网址：

https://baijiahao.baidu.com/s?id=1752156835674888562&wfr=spider&for=pc

学习笔记

课后练习

问答题

(1) 请简述无人车派件流程。

(2) 请简述无人车派件时需要注意哪些问题。

任务 5　快件签收

项目描述

本项目旨在培训学生具备快件签收的相关知识，了解并熟悉快件签收的流程和注意事项，使学生具备快件签收的能力。

学习目标

1. 知识目标

（1）了解快件签收相关知识。

（2）了解到付件签收相关知识。

2. 能力目标

（1）能够完成快件签收。

（2）能够判断货物是否满足签收条件。

3. 素养目标

（1）培养学生认真负责的工作态度和严谨务实的工作作风。

（2）培养学生履职尽责、实事求是的工作能力。

学习内容

一、知识储备

（一）快件签收

快件签收是派送服务的最后一个环节，客户在签收单上签字后，本次派送任务视作结束。

目前，快件签收主要有两种形式：送货上门、代理点代收。

快递没到却显示
"签收"消费者权益

快件签收——
当面验收

先验货后签收
避免纠纷好维权

1. 送货上门

送货上门，即将快件送至收件人家中，以方便收件人。工作人员送货上门前，需要仔细核对快件收货地址、收货人等信息；送货上门时，需要提醒收件人检查快件外包装、拆开包装检查内部货物是否有损，确认后，收件人需在运单上签字确认签收。

送货上门注意事项如图 3-13 所示。

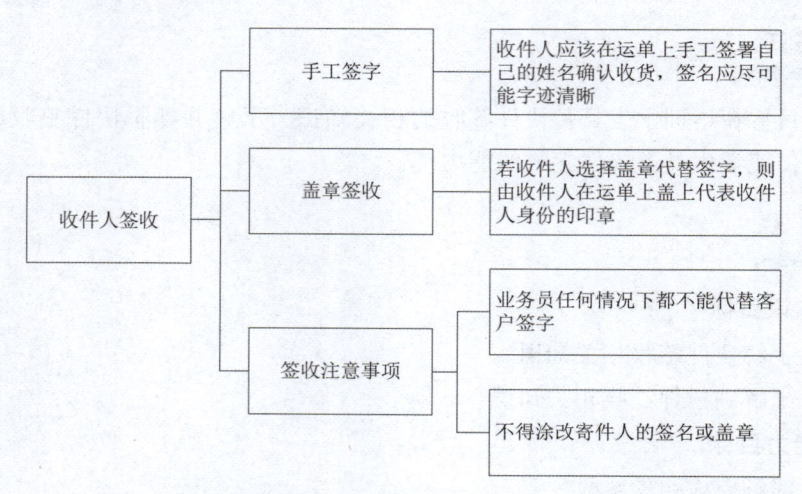

```
收件人签收 ┬─ 手工签字 ── 收件人应该在运单上手工签署自己的姓名确认收货，签名应尽可能字迹清晰
         ├─ 盖章签收 ── 若收件人选择盖章代替签字，则由收件人在运单上盖上代表收件人身份的印章
         └─ 签收注意事项 ┬─ 业务员任何情况下都不能代替客户签字
                        └─ 不得涂改寄件人的签名或盖章
```

图 3-13　送货上门注意事项

2. 代理点代收

为节省成本、提升派送效率，许多小区和高校采取代理点代收的方式解决快件签收问题。代理点代收后，将快件按照一定规则上架，同时给不同快件编号。上架完成后，发送包含取件码的短信给收件人，收件人可以自行选择时间到代理点取件。

若快件外包装有明显破损，应电话通知收件人到代理点确认是否签收快递；若快件外包装没有明显破损，发送短信给收件人。收件人到代理点凭借取件码取件后，若因为包装内部货物损坏，拒绝签收，应该做好解释工作并收回快件。

（二）到付件签收

所谓的到付件是指物流运输的费用由收件人承担，并在货物到达后支付费用给物流公司的快递件。

在签收到付件时，需要注意以下几个问题：

当业务员配送货物时，先确认其身份，是否与卖家描述一致，并查看运单号是否为网上显示的运单。若不相符，拒绝签收，以免造成损失。

当确认货物无误，先检查货物外包装及内物外观，在确定货物完好无损后，便可以签字并将代收款交予业务员。

> **素养园地**

【以案释法】快递代签收不能任性而为

近日，国家邮政局《快递市场管理办法（修订草案）》公开征求意见。意见稿提到，经营快递业务的企业未经用户同意，不得代为确认收到快件，不得擅自将快件投递到智能快递箱、快递服务站等快递末端服务设施。违反相关规定的要受到相应处罚。

生活中，有不少消费者都遇到过类似情况，快递还没看到，物流信息却显示已签收，再一看"签收人"名字，"家门口""消防栓""地垫"……令人哭笑不得。时下，一些快递员未经收件人同意，自作主张确认签收用户快件的现象频频发生，加大了快递安全准确送达的风险，由此产生的丢件错件问题严重损害了用户的合法权益。

对于快递签收的问题，《快递暂行条例》有明确要求，即经营快递业务的企业应当将快件投递到约定的收件地址、收件人或者收件人指定的代收人，并告知收件人或者代收人当面验收。不管收件人或者代收人是否要求当面验收，快递企业都要履行相关告知义务。

不少快递员习惯代为确认签收，主要与其派送单次多、工作节奏紧张有关，但关键原因还在于快递企业过于追求效益。一些快递企业把派送时效和单量视为最重要的绩效指标，快递员被绩效考评所困，被迫简化服务、缩短派单时间。加上处罚力度不足，过低的违法成本导致快递企业对快递员的违规签收行为睁一只眼闭一只眼。

快递代签收不能任性而为。正在征求意见的《快递市场管理办法（修订草案）》明确了快递企业不履行相关责任的后果，对于未经收件人同意代签收或者擅自使用智能快件箱、快递服务站等方式投递快件的，快递企业可能会面临最高三万元的罚款，其直接责任人可能被处以最高三千元的罚款以及通报批评、警告等处分。这种对违规行为动真格的做法，有利于增强快递企业的责任意识，在日常管理中严格要求快递员规范派送。

用户体验是快递业持续稳健发展的根本。面对激烈的竞争，快递企业只有把规则和秩序放在首位，通过创新服务内容和改善用户体验，才能实现自身健康良性发展。期待管理办法修订草案经法定程序通过后，为维护用户权益提供更有力保障。

来源：https://cysz.jvtc.jx.cn/info/1115/1641.htm

二、计划

（一）目标

完成一次到付件的送货上门流程。给快件编号，每个同学在任务开始前抽签确定快件编号。其中，用于送货上门的快件有包装完好的，也有包装破损的，需要同学根据情况与客户沟通。

（二）步骤

快件签收工作步骤如表3-19所示。

表 3-19　快件签收工作步骤

步骤序号	工作步骤
1	抽签，抽取快件编号
2	根据运单信息找到收货地址，核对收件人信息
3	与收件人确认货物状态、到付运费金额
4	收件人签收签字、收取到付运费费用

三、执行

（一）执行准备

快件签收执行准备如表 3-20 所示。

表 3-20　快件签收执行准备

设备准备	资料准备
包装完好的快件 包装破损的快件	教学课件、项目单、视频教学资料、网络教学资源

（二）实施计划表

完成计划，并在下表"具体内容"一列中，回答"项目"列的问题。快件签收实施计划表如表 3-21 所示。

表 3-21　快件签收实施计划表

步骤序号	项目	具体内容
1	请在右侧填写收件人姓名、收件人联系方式、收件人地址	
2	若快件包装完好，请在右侧填写到付运费金额；若快件包装破损，请在右侧填写"快件包装破损，收件人拒收"	

四、检查评估

快件签收评价表如表 3-22 所示。

表 3-22　快件签收评价表

考核项目	评分标准	分数	扣分值			扣分理由
			学生自评	小组互评	教师评价	
团队合作	是否协调	10				

续表

考核项目	评分标准	分数	扣分值			扣分理由
			学生自评	小组互评	教师评价	
活动参与	是否积极主动	10				
沟通能力	与客户沟通是否符合要求	15				
读取运单	是否准确获取运单信息	15				
签收流程	是否提醒收件人检查包装	35				
收取到付运费	是否收取到付运费	15				
	总分	100				
学生签名（互评）：			年 月 日			得分：
教师签名：			年 月 日			得分：

五、反思总结

在本任务的学习过程中，遇到了哪些困难？这些困难是如何解决的？

六、知识链接

快递收寄注意事项：

（1）快递企业应当提供电话、互联网等多种方式接收寄件人的寄件要求。

（2）接单时，客服人员应当记录寄件人姓名、取件地址、联系方式、快递种类、快件品名、快件寄达地等相关信息，并和寄件人约定取件时间。

（3）快递企业在接单后，宜在2小时内取件；取件后，宜在3小时内将快件送交快递营业场所。

（4）上门收寄时，要保证已收取快件的安全，严禁将已收取快件单独放置在无人保管的地方。

（5）快递企业应当建立并执行快件收寄验视制度。

（6）快递企业在收寄相关物品时，依照国家规定需要寄件人出具书面证明的，应当要求寄件人出示证明原件，核对无误后，方可收寄。

学习笔记

课后练习

请简述签收到付件时的注意事项。

情景 4　客户服务

情景导入

新员工小张的服务能力进阶之路

小张是快递中心的一名新员工，在上班的第一天，他带着激动和好奇的心情来到工作岗位。然而，由于缺乏经验，他并不熟悉接待客户的流程和礼仪。

当一位顾客走进快递中心时，小张有点手忙脚乱，不知道该如何招待客户。他的表情显得有些迷茫，而且他的回答显得有些拖沓和不确定，顾客因此很不高兴地开始抱怨。

另一名员工小王，旁边忙碌地处理着文件。他看到了小张的困惑，耐心地停下手中的工作，走到小张身边。

小王微笑着对顾客说："您好，欢迎来到我们的快递中心！请问有什么我可以帮您的？"

顾客微笑着说："我需要寄送一个重要的包裹，但我不太了解填写寄件单的步骤。"

快递网点前台服务场景如图 4-1 所示。

图 4-1　快递网点前台服务场景

小王亲切地接过顾客手中的包裹，认真地解释了寄件的流程和填写寄件单的要点。他详细地询问顾客的需求，并给予了专业的建议和指导，确保顾客能够填写准确的信息。

在整个过程中，小王令人印象深刻的服务和流利自如的回答让顾客感到非常满意。顾客在离开之前，竖起大拇指，满意地说："谢谢你们的帮助和耐心解答，我对这里的服务印象非常好。"

小张观察着这一幕，心中开始反思。他意识到自己在这方面的不足，并深深意识到规范服务礼仪和提升服务质量的重要性。

在小张的要求下，小王主动向他分享了一些客户接待的技巧和实用的服务礼仪。小王教导小张如何以微笑和耐心的态度对待每一位顾客，如何主动询问和细致关注顾客的需求，以及如何有效沟通与解决顾客的问题。

小张开始认真学习和实践，反复模拟接待客户的场景，不断提升自己的服务水平。他发现，经过努力，他能够更自信、更流畅地与顾客进行沟通，并提供出色的服务。

随着时间的推移，小张的服务技能和自信心都得到了明显的提升。他学会了倾听顾客的需求，提供准确和专业的解答，以及化解潜在的问题和矛盾。每个顾客的满意和赞赏都成为他工作的最大动力。

通过这个场景，小张深刻认识到规范服务礼仪和提升服务质量对于快递行业是至关重要的。他明白了作为一名员工，他的工作不仅仅是完成任务，更是为每位顾客提供卓越的服务体验。他决心不断学习和进步，以成为一名优秀的快递服务员工。

思考：

（1）小张应该如何提升自己的服务态度和专业水平，以避免拖沓和不确定的情况发生？

（2）快递中心可以采取什么措施来确保所有员工都具备规范的服务礼仪和高水平的服务质量？

知识架构

客户服务知识架构如图 4-2 所示。

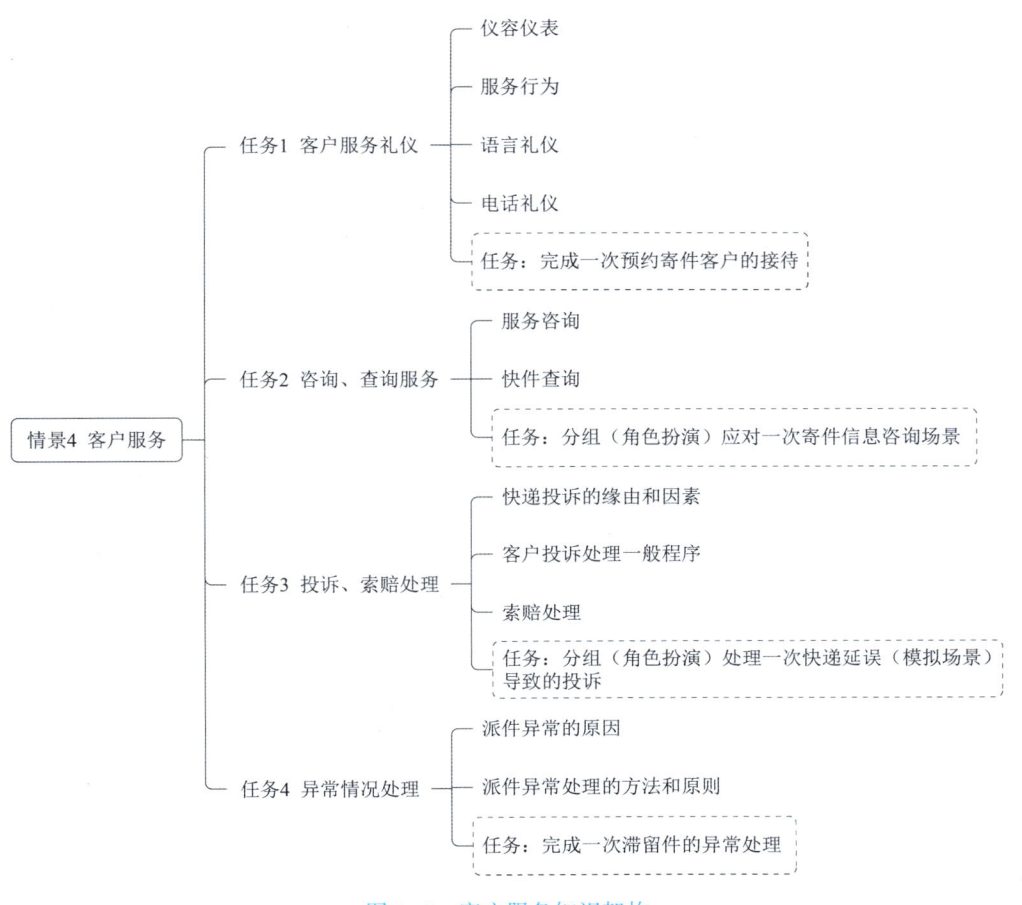

```
情景4 客户服务
├── 任务1 客户服务礼仪
│   ├── 仪容仪表
│   ├── 服务行为
│   ├── 语言礼仪
│   ├── 电话礼仪
│   └── 任务：完成一次预约寄件客户的接待
├── 任务2 咨询、查询服务
│   ├── 服务咨询
│   ├── 快件查询
│   └── 任务：分组（角色扮演）应对一次寄件信息咨询场景
├── 任务3 投诉、索赔处理
│   ├── 快递投诉的缘由和因素
│   ├── 客户投诉处理一般程序
│   ├── 索赔处理
│   └── 任务：分组（角色扮演）处理一次快递延误（模拟场景）导致的投诉
└── 任务4 异常情况处理
    ├── 派件异常的原因
    ├── 派件异常处理的方法和原则
    └── 任务：完成一次滞留件的异常处理
```

图 4-2 客户服务知识架构

任务1　客户服务礼仪

项目描述

本项目旨在培养学生具备良好的客户服务礼仪，在快递服务领域中能够以专业、友好的态度与客户进行沟通和交流。

学习目标

1. 知识目标

（1）通过学习，了解快递服务中的仪容仪表、服务行为和语言礼仪规范。

（2）通过学习，了解电话服务的注意事项。

2. 能力目标

（1）具备良好的沟通和倾听能力，能够积极回应客户的问题和需求。

（2）在服务过程中展现专业、友好的态度和形象。

3. 素养目标

（1）提高团队合作和协作意识，能够与同事共同解决客户问题。

（2）培养关注客户体验和满意度的意识，提升服务质量。

学习内容

一、知识储备

快递服务礼仪是快递企业的员工在快递服务中，对客户表示尊重与友好，以维护快递企业良好形象的有效措施之一，是一般礼仪在快递服务工作中的具体体现和运用。学习快递服务礼仪知识，不仅有助于塑造良好的企业形象，还有助于提高服务人员的综合素质。快递各部门和各岗位的员工在为客户提供服务时，应根据不同场合、对象、内容及要求，借助语言、举止、表情、仪容等不同形式，向客户表示重视、尊重和敬意，为客户提供优质服务，从而与客户建立良好、和谐的关系。

快递服务礼仪以对客户的尊重为基础，以提供快捷、准确、安全、方便的服务来体现这种尊重。主要内容包括仪容仪表、行为和语言三个方面的礼仪。在仪容仪表方面，要求干净、整洁、得体。在行为方面，主要包括上门服务礼仪、窗口服务礼仪和接递物品礼仪等内容。语言礼仪主要要求服务人员应使用文明礼貌用语，尽量提高个人谈吐修养和口头表达能力。

（一）仪容仪表

仪容仪表是快递工作人员在接触客户时能够展现出的外观风貌，是客户对快递服务工作整体质量进行判别、判断的最直观的初始体验，决定了客户对快递服务的第一印象。因此，服务仪容仪表的规范是快递服务礼仪的基础。快递服务的仪容仪表一般包含面部要求、口腔要求、头发要求、耳鼻部要求、手部要求以及着装要求六个方面。

1. 面部要求

面部是一个人精神面貌最集中的身体区域之一，和其他服务行业类似，快递企业的服务人员面部应以干净整洁为基本标准，具体要求为：

（1）时刻保持面部干净清爽，男士应每日刮净胡子，不留胡须。
（2）保持眼部洁净，注意清理眼角分泌物。
（3）女士在工作中宜化淡妆，恰当修饰。
（4）如佩戴眼镜应保持镜片明亮清洁。鼻孔保持清洁，鼻毛不得露于鼻孔外。

2. 目光

（1）对初次见面的客户，应头部微微一点，行注目礼。
（2）在与客户交谈时，应当不断地通过各种目光与对方交流。
（3）目光应注视对方"注视区"（双眼和鼻尖之间的三角区域）。
（4）禁止长时间地凝视客户，禁止盯着客户上下打量。
（5）不得在与客户对话时看表。

3. 口、耳、鼻部要求

绝大多数客户在日常生活中对于刺激性气味或者污物较为敏感和抗拒，因此在近距离服务中，保持口腔、耳部、鼻部的清洁和无异味是必要的，具体要求为：

（1）保持口腔清洁、无异味。用餐后要及时漱口。
（2）工作前不食用有异味的食品，如蒜、韭菜等，不饮酒。
（3）工作中尽量不抽烟。
（4）如存在口臭问题，应注意与客户保持一定距离。
（5）耳廓、耳根后及耳孔边要经常清洁，不留有污垢。
（6）鼻孔保持清洁，鼻毛不得露于鼻孔外。
（7）切勿当众擤鼻涕，宜在无人在场时以手帕或纸巾进行辅助。

4. 头发要求

头发和面部类似，也能够体现一个服务人员的精神面貌，且对面部的修饰作用较大。合适的发型能够给予客户积极乐观健康的服务面貌，而不合适的发型能够给客户带来意志消沉、形态消极的印象。

（1）男士头发长短应适中，前部盖额、侧不掩耳、后不及领。
（2）女士宜选轻便式短发和自然式束发，不宜披发。
（3）勤洗头，保持头发无异味、无头屑，且梳理整齐。

（4）尽量不染发，不留怪异发型，以给人亲切感。

5. 手部要求

快递工作较为辛苦，双手的使用较为频繁，手部容易沾染污秽的泥垢，客户更加希望物品单据等不受到外来的污损，对手部的清洁和修理能够保证在与客户接递物品时更加欣然，对手部的具体要求有：

（1）勤洗手，保持手部清洁。
（2）经常修剪指甲，保持指甲整齐，指甲缝中不能有污垢。
（3）不能用牙齿啃指甲，也不能在公共场合修剪指甲。
（4）在工作岗位上不能进行挖耳、抠鼻、剔牙、抓痒等动作。
（5）严禁在手臂上刻字刻画，或佩戴怪异饰品。

6. 着装要求

着装是仪容仪表中最重要的部分，着装占用的形象面积最大，能够最大程度地展现服务人员的整体风貌，据此判断服务的标准化和规范化水平，对服装的具体要求有：

（1）应着公司统一工装，保持工装整齐与清洁，不得有破损。
（2）若有需要，工牌应时刻佩戴于胸前，使用公司统一发放的工包。
（3）不得佩戴形状怪异的装饰物、标记和吉祥物。
（4）皮带应与服装相协调，以深色皮带为宜。
（5）鞋子应保持鞋面干净，鞋带要系好，不得穿拖鞋。

（二）服务行为

行为礼仪是快递服务人员最应注意的一个方面，直接影响着客户对快递服务人员及快递公司的价值判断。作为一名快递服务员，一言一行不但代表自己，更代表着公司的企业形象，如果在服务过程中语言不规范，态度不佳，行为让人难以接受，不但会导致公司的信誉下降，也会影响到个人的工作业绩。快递服务行为礼仪主要包括公共场合礼仪、上门服务礼仪、窗口服务礼仪以及向客户接递物品礼仪等方面的内容。

1. 公共场合礼仪

公众场合虽然没有直接产生服务行为，但是将快递企业服务人员的素质暴露在公众视野中，很大程度上影响企业形象和声誉，具体要求有：

（1）在公共场合，快件业务员应遵纪守法、尊老爱幼、乐于助人、见义勇为。
（2）应爱护公共基础设施，爱护园林设施，爱护公共绿地。
（3）在使用公共卫生间时，应保持卫生间清洁，便后随手冲水，洗完手后随手关上水龙头。

2. 上门服务礼仪

目前国内快递企业的服务范围在不断延伸，上门服务环节的频次逐渐增多，同时由于上门服务过程中涉及顾客的私域，因此上门服务礼仪应当越来越规范化，具体要求有：

（1）应将手机设置到震动或无声状态，以免由于手机铃声突然响起而影响服务质量或引发客户的不满情绪。

（2）打招呼是与客户沟通的第一步，积极、主动、愉快地与客户打招呼，有助于与客户进行沟通，打招呼时应直视客户双眼。看着对方的眼睛，会让对方察觉到对他的尊重。

（3）当对方在接电话或接待其他人员时，稍稍点下头或使用某些恰当的肢体语言会比唐突的打招呼更有效，等客户忙完了，再进行工作。

3. 窗口服务礼仪

窗口是客户了解快递企业最直观的渠道。能够准确、迅速地接待客户是对窗口服务人员最基本的要求。在客户向窗口靠近的过程中，窗口服务人员应迅速作出反应，主动向客户问好、询问客户需求并帮助和指导客户完成快件寄递业务。

4. 接、递物品礼仪

快递业务员在向客户递送或接收快递物品、运单、宣传单或其他票据时，都应采取双手递上或接过来的方式，以示对客户的尊重。如果是需要客户签字，应双手将文件递上，并使文件的正面对着客户一方。如果向客户发放宣传单页被拒绝时，快递业务员也应双手从客户手中接过宣传单页，并说："如果您今后有这方面的需要，我将随时为您送上业务介绍单"。快递业务员切忌单手用力抽回单页或做出其他气愤动作。接递物品动作示意图如图4-3所示。

图4-3 接递物品动作示意图

（三）语言礼仪

快递服务人员与客户交谈时，应使用文明语言，尽量少用专业术语，让客户有亲切感，避免出现影响交流效果的情况。在快件服务中，语言要亲切，招呼要热情，待人要诚恳有礼貌，主动、恰当、自如地使用文明用语。

常见场景及文明用语如表 4-1 所示。

表 4-1　常见场景及文明用语

场景	文明用语
打招呼	早上好/下午好！我是××快递公司快递服务人员。 您好，我是××快递公司快递服务人员，让您久等了
交流	您说/请讲。 还请您阅读一下… 是的/嗯/知道/明白。 打扰一下，请您在这里签个字。 请让我来帮您包装快件吧。 真是对不起，刚才是我搞错了，我马上更正，请您谅解。 谢谢您的信任，我们会准时将所寄物品送至收件方的，打扰您了。 谢谢您了，总是承蒙关照，希望下次再为您服务
寄递物品是违禁物品时	对不起/非常抱歉，这种（类）液体属于易燃液体，是航空违禁品，不能收寄，请您谅解。 对不起/非常抱歉，这种（类）粉末会被认为是违禁品而被有关部门查扣，不能收寄，请您谅解。 非常抱歉，这种（类）物品在运输途中可能会存在安全隐患，不能收寄，请您谅解
电话沟通	早上好/下午好/打扰您了，我是××公司快递服务人员，现在为您派件，但不知您的具体位置是在哪？ 您好，打扰您了，我是××公司快递服务人员，您是在××大厦 A 座×楼吗？ 很高兴与您通话，×先生/小姐。 不好意思，我马上到您那派件，请您稍等

（四）电话礼仪

除了遵循基本的服务语言规范外，快递业务员应注意以下礼仪规范：

①业务员应时刻保持手机畅通，即使接听电话。接、打电话时，都应当马上告知自己的身份，如："您好，我是××快递公司。"这样就不会让客户产生怀疑，并可以节省时间。如果对方没有告诉你他的姓名，而你主动告诉他时，可以减少敌对的气氛。

②在通话过程中要专心，边吃东西或喝饮料是对客户的极端的不尊敬，如果你真的必须分神来照顾其他事，请向客户解释清楚并请客户稍等。用手捂住听筒讲话也会让客户感觉不礼貌。

③在与客户通电话时，尽量减少其他声音。在确定对方确实已经讲完时，再结束电话，并让对方先挂断电话后自己再挂断电话。

④如果因故无法按时满足客户的需求，要在第一时间通知营业部，向客户致电表示歉意，争取得到客户谅解。

素养园地

她荣获全国五一劳动奖章：快递一线职工也有"火炬精神"

9月8日，杭州亚运会火炬传递正式启动，当日就出现了快递人的身影。"第65棒火炬手韦艳梅，是中国邮政的一名服务质量监督员，党的二十大代表，全国劳动模范，她扎根基层创建创新劳模工作室，让邮政工作更好服务民生……"

亚运火炬手韦艳梅如图4-4所示。

图4-4 亚运火炬手韦艳梅

韦艳梅在2006年进入中山邮政工作，除了一年多的基层营业员工作经历，她在市分公司的质监岗位上干足了16个年头。韦艳梅说，质监工作既要做好内部监督管理，同时也要协助好客户的售后服务查询，两样都不能松懈。

随着电商快包业务的快速发展，市场对邮政寄递服务需求也成几何倍数增长，传统邮政寄递客服模式，已经无法满足电商快包业务的发展要求。

韦艳梅意识到，要在服务查询和售后这两个环节上下功夫，提升响应速度，她提出并主要参与邮政服务质量后台系统的开发，进一步方便了客户对邮政普遍服务查询，得到全省推广使用。

2013年，韦艳梅在中山邮政网运中心挂职期间，认真查阅了网运中心服务质量工作方面的各种文字档案，一次不漏地参与班组的服务质量月度分析会和周会。质监工作在她眼里变得更加具体起来，不再是本本上的条条框框。

此后，她的身影更加频繁地出现在营业厅、投递部，现场指导服务规范和流程，现场解决服务质量问题，同时为后续生产流程的优化提供参考。

16年来，她开具的业务报告书和整改通知书有上万份，处理各种服务查询工单超过60万笔。韦艳梅所在的中国邮政集团公司中山市分公司的服务质量在全省连年名列前茅，她个人也先后获得省五一劳动奖章、全国五一劳动奖章等荣誉。

2018年，韦艳梅劳模和工匠人才创新工作室成立，已经成功开展的创新课题有《远程监控实时监测窗口服务质量》《快递包裹主动客服管理》等。

情景4 客户服务　　145

如图 4-5 所示为韦艳梅在工作。

图 4-5　韦艳梅在工作

去年，韦艳梅工作室与中山市人民医院合作推出医缴配全流程服务项目，方便慢性病患者定期取药。

"当选杭州亚运会火炬手，在温州站传递，我感到非常激动和自豪。在这里，我代表邮政人传递的是一份美好、是一份希望，更是一份责任。希望通过这次火炬的传递，能更好地展现我们邮政基层一线职工的'火炬精神'。"韦艳梅表示，未来继续把好质量关，守护好人民对美好生活向往的用邮需求，高质量践行"人民邮政为人民"的服务宗旨，不断增强人民群众的获得感和幸福感！

网址：https：//mp.weixin.qq.com/s/cBsSTgz7pn_r6SoViiIxaQ

二、计划

（一）目标

完成一次预约寄件客户的接待。

（二）步骤

预约寄件客户的接待步骤如表 4-2 所示。

表 4-2　预约寄件客户的接待步骤

步骤序号	工作步骤
1	学生随机抽取预约订单
2	学生致电联系预约寄件客户，询问入店时间，邮寄物品大概信息
3	学生前台接待所联系预约寄件客户
4	打包商品前后指引客户进行保价、支付等操作
5	业务处理结束后送别客户

三、执行

（一）执行准备

预约寄件客户的接待执行准备如表 4-3 所示。

表 4-3 预约寄件客户的接待执行准备

场地准备	设备准备	资料准备
快递实训中心	工作电话 1 台，电脑 1 台	教学课件、项目单、视频教学资料、网络教学资源、评分表、预约订单信息清单

（二）实施计划表

完成计划，并在下表"具体内容"一列中，回答"项目"列的问题。预约寄件客户的接待实施计划表如表 4-4 所示。

表 4-4 预约寄件客户的接待实施计划表

步骤序号	项目	具体内容
1	电话练习客户使用到的礼貌用语	
2	接待客户时的穿着、仪容和礼貌用语	
3	指导客户操作的内容和动作记录	
4	送别客户时的穿着、仪容和礼貌用语	

四、检查评估

预约寄件客户的接待分析评价表如表 4-5 所示。

表 4-5 预约寄件客户的接待分析评价表

考核项目	评分标准	分数	扣分值 学生自评	扣分值 小组互评	扣分值 教师评价	扣分理由
活动参与	是否积极主动	10				
电话礼仪	用语是否礼貌规范	10				
客户接待礼仪	仪表是否整洁规范	5				
客户接待礼仪	仪态动作是否亲和有礼	10				
客户接待礼仪	用语是否礼貌规范	15				

续表

考核项目	评分标准	分数	扣分值			扣分理由
			学生自评	小组互评	教师评价	
客户指导礼仪	仪表是否整洁规范	5				
	仪态动作是否亲和有礼	10				
	用语是否礼貌规范	15				
客户送别礼仪	仪态动作是否亲和有礼	10				
	用语是否礼貌规范	10				
	总分	100				

学生签名（互评）：　　　　　　　　　　　年　　月　　日　　得分：

教师签名：　　　　　　　　　　　　　　　年　　月　　日　　得分：

五、反思总结

在本任务的学习过程中，遇到了哪些困难？这些困难是如何解决的？

课后练习

1. 填空题

（1）快递服务行业的礼仪中，当送货人敲门时，应该首先_____。

（2）在与客户交流时，快递员应该使用_____的称呼。

（3）在电话沟通中，客服人员应该用_____的语气回答客户的问题。

（4）在处理投诉时，快递公司应该_____客户的问题并积极解决。

2. 单选题

（1）快递员在交付包裹时，应该向客户（　　）。

A. 低头问好

B. 做出打招呼的动作

C. 直接交付包裹

D. 来个握手问好

（2）快递公司在处理客户投诉时，应该（　　）。

A. 责备客户

B. 推诿责任

C. 积极解决问题

D. 忽略客户的意见

（3）当快递员无法按时送达时，应该（　　）。

A. 不通知客户

B. 随意选择时间送货

C. 提前通知客户并协商新的送货时间

D. 抛弃包裹不管

（4）在面对客户的意见和建议时，快递公司服务人员应该（　　）。

A. 忽略客户的意见

B. 无视客户的问题

C. 主动道歉并解决问题

D. 推诿责任

（5）如果客户对包裹有特殊要求，快递公司应该（　　）。

A. 不予理会

B. 推诿责任

C. 尽量满足客户需求

D. 忽略客户意见

3. 简答题

（1）请简要说明快递服务中的礼仪规范以及它们的重要性。

（2）快递公司应该如何保持良好的客户关系？

（3）请列举几个快递服务中常用的用语，并解释这样规范的原因。

任务 2 咨询、查询服务

项目描述

本项目旨在培养学生在咨询和查询服务方面具备专业知识和技能，能够准确、快速地回答客户的问题。

学习目标

1. 知识目标

（1）通过学习，了解顾客咨询与查询的一般内容和渠道。

（2）掌握常见咨询问题的解答程序、方法和技巧。

（3）掌握辅助客户查询快递信息的程序、方法和技巧。

2. 能力目标

（1）具备快速获取和理解所需信息的能力。

（2）提升逻辑思维和问题解决能力。

3. 素养目标

（1）培养注重细节和准确性的意识，提升服务质量。

（2）促进积极主动地帮助他人解决问题，提升团队合作精神。

学习内容

一、知识储备

（一）服务咨询

1. 客户咨询内容

（1）服务范围：快递服务网络覆盖哪些区域等。

（2）服务种类：提供哪些服务，各类服务具体是指什么等。

（3）寄递时效：从寄出快件到收到快件需要多长时间等。

（4）服务费用：不同寄递方式的收费标准分别是什么等。

（5）寄递物品：哪些物品属于禁寄物品，哪些物品属于限寄物品等。

（6）快件包装：各类快件的包装要求，能否提供包装服务等。

2. 为客户提供咨询服务的方式

（1）官网咨询。

快递企业应在其官网上展示有关快递服务的各种信息，并提供在线咨询服务，以便客户了解相关信息。

顺丰官网界面示意如图 4-6 所示。

图 4-6　顺丰官网界面示意

京东物流官网界面示意如图 4-7 所示。

图 4-7　京东物流官网界面示意

（2）APP 咨询。

随着智能手机逐渐深入我们的日常生活，快递企业纷纷推出了自己的手机应用程序（APP）。这些 APP 为用户提供了快捷、便利的咨询和查询渠道。

(3) 电话咨询。

虽然官网咨询、APP 咨询在一定程度上可提高服务效率，但是，有些问题必须通过语音沟通才能很好地解决。因此，各快递企业依然为客户提供电话咨询服务。

(4) 其他方式。

除上述方式外，快递企业还可通过微信公众号、微信小程序、快递服务网点的工作人员为客户提供咨询服务。

3. 咨询服务的基本要求

快递企业员工在提供咨询服务时，应符合以下基本要求：

(1) 礼貌使用文明用语，态度温和。

(2) 及时熟练应对服务的具体情况，准确回答客户咨询的问题，不含糊其词。

(3) 准确熟悉企业内部各项服务。

(4) 规范用语。

（二）快件查询

1. 查询渠道

一般来说，客户能够通过以下渠道查询快递信息：

(1) 电话查询。

电话查询是最便捷、最简单的快件查询方式，对于部分知识文化水平不高且行动不便的顾客来说非常友好。但是电话查询也存在一定的问题，比如很多农村的老人无法准确地识别普通话，因此无法和查询服务人员进行有效的沟通。

(2) 网站查询。

网站查询是最可靠、最全面的查询渠道，快递公司一般都设有官方网站，通过官方网站查询得到的物流信息是最权威最精准的，但是对于文化水平不高的客户较为不便。

(3) 网点查询。

网点查询是最传统的方式，是客户亲赴网点查询自己的信息。虽然这种方式能够对客户提供最大限度的帮助，但是对距离网点较远的客户来说较为不便。

对于快递企业的内部员工来说，快递信息的查询又分为网点查询、中转站查询和总部客服中心查询三大块。查询主要通过快递公司电脑查询系统进行，各网点及中转站将快件收入、发出记录及时上传计算机中心，一般能够做到信息资源共享。

(4) APP 查询（微信小程序）。

快递公司通常也提供手机应用程序（APP）或者内置在微信等应用中的小程序 UI 供客户使用。这些 APP 或者小程序 UI 通常具有用户友好的界面和操作方式，方便客户实时跟踪快递进度、查看签收状态等。

顺丰和韵达 APP（微信小程序）界面差异如图 4-8 所示。

2. 网点查询服务规范

(1) 接到网点顾客的查询需求时，首先通过统一的网站或信息系统进行查询，

图 4-8　顺丰和韵达 APP（微信小程序）界面差异

对于在网站或者信息系统未查询到快递信息的，向营业点主管报备上游公司名称、终端客户姓名或订购产品类别、订单号，通过上游公司辅助查询。查询仍旧无结果或存在困难的，报备总公司客服部查询。

（2）客服人员在接到查询申请时，能立即查询的，即时查询回复；需进一步查询时，需做好查询申请信息记录，备注查询人的至少两个联系方式，以备查询回复。

（3）在电话查询时，规范用语。客户查询时，不得让客户自行找业务员或是其他站点及中转部门查询的方式推诿、逃避、不配合查询或处理事务；接听电话事务不属于本职范围内时，及时、准确转接或告知对方有效电话；或及时以电话、书面、口头等方式通知有关职能部门或责任人；查询时不得向对方提供虚假承诺和错误信息；任何情况下不得与客户发生争吵，出现粗言秽语、辱骂客户、摔电话等行为。

二、计划

（一）目标

分组（角色扮演）应对一次寄件信息咨询场景。

（二）步骤

寄件信息咨询服务步骤如表 4-6 所示。

表 4-6　寄件信息咨询服务步骤

步骤序号	工作步骤
1	随机分组，每组 2 人，分别扮演客户"王某"和"客服专员"，客服专员领取收寄服务信息表
2	"王某"随机抽取咨询题目清单，据此致电"客服专员"进行咨询

续表

步骤序号	工作步骤
3	"客服专员"依据收寄服务信息表礼貌地、快速地准确回答"王某"的提问
4	"客服专员"礼貌地询问和答复"王某"的额外需要和反馈,并补充必要温馨提示
5	学生轮换角色重复步骤1~4

三、执行

(一)执行准备

寄件信息咨询服务执行准备如表4-7所示。

表4-7 寄件信息咨询服务执行准备

设备准备	资料准备
可用固定座机(或手机)1台,电脑一台	教学课件、项目单、视频教学资料、网络教学资源、评分表、咨询题目清单

(二)实施计划表

完成计划,并在下表"具体内容"一列中,回答"项目"列的问题。寄件信息咨询服务执行记录如表4-8所示。

表4-8 寄件信息咨询服务执行记录

步骤序号	项目	具体内容
1	使用的礼貌问好和应答用语	
2	客户咨询问题的问答内容和时间记录	
3	客户的额外需要和反馈答复内容和时间记录	
4	温馨提示的内容	

四、检查评估

寄件信息咨询服务评价表如表4-9所示。

表4-9 寄件信息咨询服务评价表

考核项目	评分标准	分数	扣分值 学生自评	扣分值 小组互评	扣分值 教师评价	扣分理由
团队合作	是否协调	10				
活动参与	是否积极主动	10				
礼貌用语	是否使用礼貌用语	10				

续表

考核项目	评分标准	分数	扣分值			扣分理由
			学生自评	小组互评	教师评价	
咨询应答	是否准确应答	15				
	是否清晰应答	10				
	是否快速应答	5				
额外需要和反馈	是否准确答复	15				
	是否清晰答复	10				
	是否快速答复	5				
温馨提示	提示是否全面完整	10				
	总分	100				
学生签名（互评）：				年　月　日		得分：
教师签名：				年　月　日		得分：

五、反思总结

在本任务的学习过程中，遇到了哪些困难？这些困难是如何解决的？

六、知识链接

《中华人民共和国快递条例》对快递客户咨询的规定

第十章：客户咨询和服务质量监督

第三十一条：快递企业应当建立并公示服务咨询电话和网络咨询渠道，并提供真实、准确、明确的服务信息。

第三十二条：快递企业应当及时、认真、准确地回答客户的咨询，并提供必要的技术和操作指导。

第三十三条：快递企业应当建立健全客户投诉处理机制，及时处理客户投诉，并向客户反馈处理结果。

第十七章：服务质量监督

第六十三条：快递企业应当建立质量管理制度，确保服务质量符合国家标准和行业标准。

第六十四条：快递企业应当向客户提供货物运输过程中的实时追踪、查询等服务，并确保信息的准确性。

第六十五条：快递企业应当通过建立投诉热线、投诉受理中心等方式接受客户的投诉，对投诉进行调查处理，并向客户反馈处理结果。

以上是《中华人民共和国快递条例》中关于客户咨询的部分条款。快递企业在法律规定下应当提供准确的咨询回答，建立投诉处理机制，并确保货物追踪和查询服务的准确性。更详细和具体的条款内容可以参考该条例的全文。

课后练习

1. 填空题

（1）在官网咨询中，快递企业通过展示_____、_____、_____、_____等信息，并提供在线咨询服务，以便客户了解相关信息的具体内容。

（2）随着智能手机的普及，快递企业开发了自己的APP，客户可以通过_____在线客服的方式。

（3）电话咨询是客户解决一些必须通过_____才能很好解决的问题的方式之一。

（4）快递企业还可以通过_____、_____、快递服务网点的工作人员等方式为客户提供咨询服务。

（5）在电话查询服务规范中，客服人员应及时、准确转接或告知有效电话，体现了他们的_____和_____。

（6）客服人员必须在规定的时间内答复客户的查询，做好记录以备查阅，以保证查询的_____。

（7）当网点查询无结果时，客服人员需报备总公司进行进一步查询，以提供更准确的快递_____。

（8）在网点查询服务中，客服人员通过统一的_____或_____进行查询。

2. 单选题

（1）为客户提供咨询服务的方式中，哪种获取信息的速度最快？（   ）

A. 邮件咨询

B. 面对面咨询

C. 官网咨询

D. 社交媒体平台

（2）客服人员提供电话咨询服务时，应具备哪项基本要求？（   ）

A. 超凡的技术能力

B. 严格的工作纪律

C. 熟悉快递行业的各项政策

D. 礼貌、及时、准确回答客户的问题

（3）快递员提供电话咨询服务时，应使用什么规范用语？（   ）

A. 提供虚假信息

B. 转接电话给其他部门

C. 使用礼貌的文明用语

D. 直接拒绝回答客户问题

（4）快递企业为客户提供咨询服务时，应优先满足客户经常咨询的哪项内容？（   ）

A. 服务范围、服务种类、寄递时效、服务费用等

B. 快递员个人经历和学历背景

C. 快递行业的市场趋势和竞争情况

D. 其他行业的服务项目和价格比较

（5）为客户提供咨询服务的方式中，哪种方式是必须通过语音通话才能很好解决问题的方式？（　　）

A. 官网咨询

B. APP咨询

C. 电话咨询

D. 微信咨询

（6）根据信息提供，客户查询快递信息的一种最便捷、最简单的方式是通过哪个渠道？（　　）

A. 网站查询

B. 网点查询

C. 电话查询

D. 中转站查询

（7）对于文化水平不高的客户来说，以下哪种查询方式可能相对不便？（　　）

A. 网点查询

B. 中转站查询

C. 网站查询

D. 电话查询

（8）在电话查询服务规范中，客服人员接听电话事务不属于本职范围内时，应及时、准确转接或告知对方有效的电话，或及时以其他方式通知有关职能部门或责任人，以保证客户查询的及时处理，这体现了客服人员的（　　）。

A. 效率和责任心

B. 专业和技术能力

C. 细心和耐心

D. 沟通和协作能力

（9）根据快递信息处理和查询期限的标准，在处理国内异地件的快递信息时，处理完毕的期限应为（　　）。

A. 4个日历日

B. 6个日历日

C. 8个日历日

D. 10个日历日

（10）在电话查询服务规范中，客服人员不得与客户发生争吵、进行粗言秽语、辱骂客户等行为，以确保服务过程中的（　　）。

A. 友好和礼貌

B. 公平和平等
C. 敬业和尊重
D. 高效和准确

3. **简答题**

（1）快递企业员工在提供咨询服务时，应具备哪些基本要求？

（2）列举客服人员提供电话咨询服务的规范用语，并简要解释每个用语的作用。

（3）说明快递企业开发的APP如何提供咨询服务。

（4）网点查询服务规范包括哪些内容和程序？请详细说明。

（5）电话查询服务规范要求客服人员在查询中使用规范用语并避免某些行为。请列举至少三个规范用语，并解释为何需要避免与客户发生争吵或使用粗言秽语。

（6）快递信息处理和查询期限中的查询有效期和查询答复期限各是多长时间？这些期限的设定对快递服务质量有何影响？

任务3　投诉、索赔处理

项目描述

本项目旨在培养学生应对客户投诉和处理赔付事宜的能力，提高服务质量和客户满意度。

学习目标

1. 知识目标

（1）通过学习，了解顾客投诉的主要原因和情景。
（2）通过学习，了解理赔的范围与标准。
（3）掌握不同渠道应对顾客投诉和索赔的方法与技巧。

2. 能力目标

（1）培养处理投诉和赔付事宜的沟通和解决问题的能力。
（2）提升应急应变和决策能力。

3. 素养目标

（1）加强责任心和正义感，提高公平公正的意识。
（2）培养正面解决问题的态度和方法，提升服务质量。

学习内容

一、知识储备

（一）快递投诉的缘由和因素

在快递服务中，偶尔会遇到客户投诉的情况。这通常是因为客户认为自身的权益在收派快递过程中受到了侵害。客户投诉的主要原因包括以下几个方面：

1. 时效性问题

时效性是快递行业的重要准则和要求，指快递的全程物流时间应不超过社会平均快递寄送时间。例如，目前全国快递公司跨省域的全程物流时间一般在7天以内。如果超过该时间，被视为快递服务延迟，失去了时效性。

2. 货损货差问题

快递物流除了要保证时效性，还需要保证可靠性。可靠性包括在快递运输和派送过程中，确保货物完整无损、单据与实物一致。如果快件在到达收件人手中时出现破损、丢失，或者单据与实物不符，都会导致快递服务的可靠性缺失，引发客户的投诉和抱怨。

3. 服务态度和服务能力问题

快递行业属于服务行业，快递人员应以服务收件人和寄件人为宗旨。派送人员的服务态度和服务能力直接影响客户对快递人员服务的满意度。许多客户对快递服务人员的服务态度和能力非常敏感。当快递工作人员在服务态度和能力上存在缺失时，客户更容易产生抱怨情绪。

（二）客户投诉处理一般程序

1. 投诉受理

（1）电话投诉处理。

接听电话后，客服人员应提交工号，并耐心倾听客户陈述并记录相关信息，包括快件信息（单号等）、使用服务时间、投诉事由、被投诉人或公司、诉求、投诉受理时间以及其他细节。在客户陈述完毕后，需要核对以上记录信息与客户确认。

（2）传真、网络、信件投诉处理。

客服人员必须及时回访投诉者，核实投诉事由并详细记录相关信息。

（3）上门投诉处理。

客服人员应立即接待投诉者并引导至会议室，并及时告知客服经理，由客服经理进行投诉受理工作并记录相关信息。若能够当场解决问题，应立即解决；无法当场解决的情况下，应告知用户处理时限。

2. 分析投诉原因，提出解决方案

在受理投诉后，应建立投诉名称关键字并统一编号，以便于后期管理和便捷沟通。同时，应告知客户以下内容：一般在 24 小时内回复并了解处理投诉的基本情况；处理时限不超过 15 天。

投诉处理人员收到投诉记录单后，应进行调查处理。如需要投诉者补充材料，应及时与其联系获取。对于投诉者无法提供的关键材料、拒绝提供或无法补充的情况，应告知可能产生的不利影响。在明确投诉事项且相关材料完善的前提下，根据《快递市场管理办法》和《中华人民共和国邮政法》标准等法规政策，拟定相应的处理意见，并在主管人员同意后，及时与投诉者沟通，解释处理意见的理由和依据。

对于较为复杂、涉及多方面的投诉事项，超出处理人员能力或权限范围的，应及时向主管人员报告，并根据主管人员的请示进行移交等后续工作。在整个处理过程中，必须按照承诺的时间向投诉者反馈处理进度，以促进沟通协调能力。对于处理时间较长的投诉，应定期与投诉者联系，告知处理进度。

在与投诉者就处理结果达成一致后，应告知后续理赔等相关事项的办理流程和注意事项。如果投诉者对处理结果不满意，应告知其可以向（城市）邮政管理局提起申诉（电话），或者通过其他合法途径主张权益。

3. 资料归档

投诉事项处理完毕后，应及时归档相关材料并妥善保存。随后，跟进回访投诉

者，听取并记录其对投诉处理结果的满意度和意见，以建立和完善相关制度，并不断提高服务质量。

素养园地

绍兴市作为2022年全省邮政快递行业信用试点城市，为不断健全快递行业监管机制，市邮政管理局精准发力，多措并举加强全市快递行业信用体系建设。

健全信用评定工作机制。成立绍兴市快递行业信用评定委员会，由市邮政管理局、区（县、市）邮政管理局、市快递行业协会和全市快递企业代表组成，负责编制年度快递行业信用评定方案、确定评价指标，并负责全市快递行业信用评定、公示等工作。评定委员会下设工作组，负责组织、协调快递业信用体系建设工作，并承担日常服务、评审统计、沟通协调等具体事务。工作组将企业赋分、排名等情况按季度以会议、网络工作群等形式公布，听取企业意见。

建立完善信用信息档案。摸清全市快递企业和从业人员基本情况，按照"一企一档""一人一档"的原则，建立企业和从业人员的信用档案。同时，依托"浙里快递"浙江省智慧快递物流体系智控管理平台，完善企业主体、行政处罚、许可统计等相关信息，完成加分、扣分信息采集与录入工作。

健全信用评定办法与指标。印发《绍兴市快递业信用体系建设实施方案（试行）》，明确总体要求、工作任务、工作步骤等。目前，已完成2022年试行期间的评定办法制定与主要指标体系构建。同时明确，要减少企业主动录入，由系统自动从许可、行政执法等相关信息系统主动抓取企业数据。

下一步，绍兴市邮政管理局将继续完善信用评价体系，进一步拓展信用信息采集和共享应用范围，完善行业信用评估和考评机制，并进一步拓宽社会公众对行业信用评价的监督渠道，深入推进全市快递行业信用体系建设工作。

网址：https://mp.weixin.qq.com/s/EqJH3v0eJVAmQRjB2e7YRg

（三）索赔处理

1. 引起赔偿的客户投诉范围

客户投诉中可能导致索赔的主要因素包括快件延误、丢失、损坏和内件不符。具体如下：

（1）快件延误指快递的投递时间超过了快递服务组织承诺的服务时限，但尚未达到彻底延误时限。

（2）快件丢失指在彻底延误时限到达后，快递服务组织仍未能成功投递快件，除非与客户有特殊约定。

（3）快件损坏指由于快件封装不完整等原因，在快递服务组织寄递快件过程中，导致快件部分或全部价值丧失，除非与客户有特殊约定。

（4）内件不符指快递运单上的内件品名、数量和重量与实际快件内容不符。

2. 快件赔偿的一般标准

(1) 延误。

第一类延误（超过《快递服务标准》规定的服务时限）：由于第三方原因造成的延误，超过一个工作日，免除本次配送费用；超过两个工作日，免除本次服务费用并处以本次配送费用的一定比例罚款。

第二类延误（超过双方约定的服务时限）：由于第三方原因造成的延误，超过一个工作日，减免本次配送费用的10%；超过两个工作日，减免50%；超过三个工作日，全部减免；超过四个工作日及以上，全额减免并对商品价值的50%进行处罚。

(2) 丢失。

已保险：按合同约定的赔偿条款执行；若合同没有约定，快递公司进行全额赔偿。

未保险：根据邮政法和邮政法实施细则，根据实际损失进行赔偿，但最高不超过本次服务费用的5倍（扣除配送费用）。

(3) 损坏。

若快递已投保：按合同约定的赔偿条款执行。

未投保：根据快件失去价值占总价值的比例，按比例进行赔偿。

(4) 单据和实物不符。

免除本次配送费用并重新配送。

3. 免责条款

以下情形之一，快递公司可不负赔偿责任：

(1) 快件损失是由于顾客的责任或所寄物品本身的原因造成的。

(2) 快件损失是由于不可抗力的原因造成的（不适用于保价快件）。

(3) 顾客自寄快件之日起一年内未查询并提出赔偿要求。

4. 赔偿处理的一般程序

(1) 索赔提出。

寄件人在快件延误且在快件受理索赔期限内，可根据索赔因素提出索赔申请。

(2) 索赔受理。

快递服务组织应在收到寄件人的索赔申请后的24小时内答复，并告知寄件人索赔处理时限。

(3) 索赔处理。

除非与寄件人有特殊约定，同城和国内异地快件索赔处理时限应不超过30个日历天。不同索赔类型及对应处理办法如表4-10所示。

表 4-10　不同索赔类型及对应处理办法

类型	处理办法
快件延误	（1）免除本次服务费用（不包括保价等附加费用）。 （2）若延误导致内件直接价值损失，按照快件丢失或损坏的规定进行赔偿
快件丢失	（1）免除本次服务费用（不包括保价等附加费用）。 （2）对于购买保险的快件，按照保险金额进行赔偿，但最高不超过 10 000 元/票。 （3）对于未购买保险的快件，按照《快递市场管理办法》和《中华人民共和国邮政法》相关规定办理。若无保险的信件类快件丢失，按照本次服务费用（不包括其他附加费用）的 2 倍进行赔偿。 （4）若无保价的包裹类快件丢失，按照实际损失的价值进行赔偿，但最高不超过本次服务费用（不包括其他附加费用）的 5 倍
快件损坏	（1）完全损坏，指快件价值完全丧失，按照快件丢失的赔偿规定执行。 （2）部分损坏，指快件价值部分丧失，根据快件丧失价值占总价值的比例，按照快件丢失赔偿额度的相同比例进行赔偿
单据和实物不符	（1）对于内件与寄件人填写的品名不符，按照完全损坏的赔偿标准进行处理。 （2）若品名相同但数量和重量不符，则按照部分损坏的赔偿标准进行处理

（4）赔偿金支付。

在与寄件人达成赔偿数额一致后，快递服务组织应在 7 个日历天内向寄件人或其指定的受益人支付赔偿金。

（5）索赔争议的解决。

寄件人与快递服务组织就赔偿问题如赔偿与否、赔偿金额或赔偿金支付等可先行协商，若协商不一致，则可依法选择投诉、申诉、仲裁、起诉等方式解决争议。对于选择仲裁的情况，应在寄件时约定仲裁地点和仲裁机构。

二、计划

（一）目标

分组（角色扮演）处理一次快递延误（模拟场景）导致的投诉。

（二）步骤

快递延误（模拟场景）应诉步骤如表 4-11 所示。

表 4-11　快递延误（模拟场景）应诉步骤

步骤序号	工作步骤
1	随机分组，每组 3 人，分别扮演投诉者"王某""客服专员"和涉诉网点配送员"张某"
2	随机抽取场景，分发场景资料，"王某"按场景通过电话致电"客服专员"投诉
3	"客服专员"使用礼貌用语接听"王某"的电话
4	"客服专员"仔细询问并记录"王某"详细信息，确认投诉信息
5	"客服专员"联系"张某"，调查快件延误原因
6	"客服专员"拟定备选应诉方案，并在 24 小时（5 分钟）内致电反馈"王某"，协商最终处理方案
7	"客服专员"联系"张某"告知协商结果，"张某"按要求与"王某"对接实施
8	"客服专员"在 72 小时（15 分钟）内持续致电"王某"跟踪确认处理情况，确认成功应诉后归档案件
9	学生轮换角色重复步骤 1~8

三、执行

（一）执行准备

快递延误（模拟场景）应诉执行准备如表 4-12 所示。

表 4-12　快递延误（模拟场景）应诉执行准备

设备准备	资料准备
可用客服固定座机（或移动电话）1 台，移动电话 2 套，电脑 1 台	教学课件、项目单、视频教学资料、网络教学资源、评分表、场景案例资料

（二）实施计划表

完成计划，并在下表"具体内容"一列中，回答"项目"列的问题。快递延误（模拟场景）应诉执行记录如表 4-13 所示。

表 4-13　快递延误（模拟场景）应诉执行记录

步骤序号	项目	具体内容
1	使用的礼貌用语	
2	记录投诉者的信息	
3	投诉原因确认结果	
4	拟定的备选应诉方案和反馈时间	
5	是否督促涉诉配送员实施处理	
6	跟进投诉处理的时间以及处理结果	

四、检查评估

快递延误（模拟场景）应诉分析评价表如表 4-14 所示。

表 4-14　快递延误（模拟场景）应诉分析评价表

考核项目	评分标准	分数	扣分值 学生自评	扣分值 小组互评	扣分值 教师评价	扣分理由
团队合作	是否协调	10				
活动参与	是否积极主动	10				
电话应诉	是否使用礼貌用语	10				
投诉信息记录	记录信息是否翔实	10				
投诉原因确认	是否确认投诉原因	10				
投诉协商	拟选备选方案是否合理	10				
投诉协商	是否协商成功	10				
投诉协商	是否督促快递员（配送员）实施协商方案	10				
投诉协商	是否在 24 小时（5 分钟）内协商完毕	5				
投诉跟进	是否确认处理结果并归档	10				
投诉跟进	是否在 72 小时（15 分钟）跟进投诉	5				
总分		100				

学生签名（互评）：　　　　　　　　　　　　　年　月　日　　得分：

教师签名：　　　　　　　　　　　　　　　　　年　月　日　　得分：

五、反思总结

在本任务的学习过程中，遇到了哪些困难？这些困难是如何解决的？

六、知识链接

快递员在面对恶意投诉时，应该如何处理？

面对恶意投诉，具体有 6 条应对方案和注意事项：

（1）做好录音、录像、截屏等证据的收集和保留工作。收集证据的方式不限于录音、录像、截屏、寻找证人等。

（2）耐心诚恳地向消费者解释原因，说明问题，避免误解。

（3）坚决拒绝消费者的不合理要求，不应盲目让步和退让。

（4）如果客户的行为涉嫌敲诈勒索、诈骗等违法犯罪行为，快递员可以及时向公安机关报案。

（5）及时向企业管理者汇报，寻求帮助。出了事，快递员不要"硬扛"自己。

（6）提高权利意识，了解维权的渠道和方式。企业仅仅因为一次投诉就扣发快递员当月全部或大部分工资，通常是违反劳动法的。快递员提高了维权意识，不怕企业随意扣工资，也不会纵容消费者，对消费者过度让步。

对于快递员来说，更重要的是如何减少恶意投诉。平时要加强学习，提高服务质量。提升服务质量是快递员减少投诉最重要的方式和路径。快递员要学习快递服务知识，熟悉和了解所服务的消费者的生活习惯，还要学习处理纠纷的知识和技能。

课后练习

1. 填空题

（1）快递投诉的缘起和因素是由于客户认为自身的固有权益产生了侵害，主要表现为_____问题、_____问题、_____和_____问题。

（2）_____是快递业务最重要的准则和要求，一般快递的全程物流时间不超过社会平均快递寄送时间，则认为具有时效性。超过规定时间会造成快递延迟，影响顾客体验，引发投诉。

（3）货损货差问题指快递运输和派送过程中货物的_____、_____，或者单据与实物不一致，丧失了快递服务的可靠性，也会引发顾客的抱怨情绪。

（4）服务态度和服务能力问题是指快递人员的服务态度和能力不够满意，影响顾客_____，容易导致客户投诉。

（5）快递投诉处理的目标是锻炼快递服务人员的_____服务能力，提升售后服务水平。

（6）快递投诉中可以认定为索赔因素的主要包括快件_____、_____、_____和_____不符。

（7）快件延误是指快递服务组织承诺的服务时限内未能完成投递，但尚未超出_____。

（8）快件丢失是指快递服务组织在彻底延误时限到达时_____。

（9）快件损毁是指快递服务组织在投递过程中由于快件封装不完整等原因，导致快件失去_____或_____。

（10）内件不符是指快递运单上的内件信息（_____、_____、_____）与实际不符。

2. 单选题

（1）快递投诉的主要因素是（　　）。

A. 时效性、货损货差、服务态度和服务能力

B. 价格、广告宣传、包装质量

C. 物流延迟、市场竞争、员工素质

D. 管理体系、产品质量、营销策略

（2）时效性问题主要指快递服务的什么方面？（　　）

A. 价格合理性

B. 全程物流时间

C. 网点分布范围

D. 服务种类和时效选择

（3）货损货差问题会导致快递服务的什么方面的丧失？（　　）

A. 时效性

B. 可靠性

C. 准确性

D. 利润性

（4）快递投诉处理的目标是（　　）。

A. 提高服务质量

B. 扩大市场份额

C. 减少成本费用

D. 改善内部运作效率

（5）快递行业的服务态度和服务能力问题会直接影响客户对快递人员的（　　）。

A. 家庭环境满意度

B. 月收入满意度

C. 服务满意度

D. 快递费用满意度

（6）单据实物不符的赔偿处理是指（　　）。

A. 快递运单上的品名与寄件人填写的品名不符

B. 快递服务组织未能提供有效的票据

C. 寄件人选用的快递服务与运费不符

D. 快递员在投递过程中遗失了部分货物

（7）索赔争议的解决途径主要是（　　）。

A. 仲裁、起诉、协商

B. 申诉、政府投诉、协商

C. 电话投诉、仲裁、政府投诉

D. 赔偿协议、协商、退货处理

3. 简答题

（1）快递投诉的缘起和因素是什么？请列举主要的投诉场景和因素。

（2）时效性问题、货损货差问题和服务态度和服务能力问题分别对快递服务产生什么样的影响？为什么会导致客户投诉？

（3）在处理快递投诉时，投诉受理的范围、时效和处理程序是怎样的？请详细说明每个步骤的操作。

（4）快递赔偿处理的一般流程是怎样的？请介绍索赔申告、索赔受理、索赔处理、赔金支付和索赔争议解决的具体操作步骤。

（5）延误、丢失、损毁和单据实物不符四种情况下的快递赔偿处理是怎样的？请详细说明处理的原则和方法。

任务4　异常情况处理

项目描述

本项目旨在培养学生应对客户派件异常情况的能力，及时解决问题，确保快递服务的顺利进行。

学习目标

1. 知识目标

（1）通过学习，了解客户派件异常的一般原因和影响。

（2）通过学习，掌握派件异常处理的方法和原则。

2. 能力目标

（1）培养处理客户派件异常情况的解决问题的能力。

（2）提升紧急应对和决策能力。

3. 素养目标

（1）加强责任心和积极解决问题的意识。

（2）培养主动关注客户需求和服务质量的意识。

学习内容

一、知识储备

（一）派件异常的原因

总的来说，造成快递派件异常的原因有很多，但是总的可以分为快递网点原因、客户自身预留信息的原因两类。网点的原因一般是由于网点工作人员操作不当造成快递破损、错分或丢失，从而无法正常派送快件，客户自身的原因一般是客户自己在填写物流预留信息时地址错误（或不详细）、联系不上客户、客户主动拒收等原因。

1. 网点原因

（1）快递破损。

快递破损是快递运输和上下架处理中难以避免的情况之一，特别是包装的损坏，在快递服务过程中也时有发生，对快递破损带来的不良后果进行处理尤为重要，由快递破损带来的派件异常就是其中之一。

快递的破损，通过破损程度的不同可以分为物品损坏但包装未损坏、物品损坏且包装损坏和物品未损坏但包装损坏三个类别。

①物品损坏但包装未损坏。

通常是在运输和搬运过程中积压、倒放、碰撞造成的，对于食品类快递，也可能是存放条件和方式不当造成腐坏，这种损坏通常都会造成快件派件异常。当快递运输、搬运和派送交接时双方都没有发现，但是客户签收拆包后发现破损，将会造成投诉反馈或者拒不签收的情况；当在派件交接过程中及时发现，则此件应及时终止派件并采取相应措施。

②物品损坏且包装损坏。

物品损坏的同时包装也损坏，此件和前一种情况类似，明显是在运输、搬运和配送交接过程中对快件实施巨大的外力破坏产生的，这种情况派件人员一般都能够及时发现。

③物品未损坏但是包装损坏。

这种情况在三种快件损坏情况中程度最轻，由于包装破损但是包装物未受破坏，派件工作人员虽然能够及时地发现这类快件，但是是否能够成功派件还要取决于客户是否愿意签收。

（2）快递错分。

快递错分也是派件过程中比较常见的异常现象，通常是由于快递网点的上一级物流网点在进行区域分包时，由于操作失误将一个区域的快件错分到另一个区域，导致快件不能够正常地配送到客户手中。

（3）快递丢失。

目前各大快递公司的数据库和物流跟踪机制都相对比较完善，因此快递丢失的情况发生的概率较小，但是偶尔发生时也会给派件工作带来巨大的麻烦。

2. 客户自身原因

（1）收货地址错误或不详细。

一般来说，客户在填写地址信息时至少要细化到社区，这样派件人员才能在更小的区域定点地为客户进行精准派送。但是，由于部分客户的文化水平不高，或者在填写地址时粗心大意，因此预留的地址信息不够详细，这种情况下即使能够联系上客户也难以确定客户的收货地址，最终快件无法正常及时地送达客户手上。当收货地址填写错误时，也会产生类似的情景，即使能够及时联系客户，但是无法确定客户所在地，也无法确定派送地点。

（2）联系不上客户。

无法联系客户是较为糟糕的一种情况，一般是由于客户预留的联系方式错误、停机等原因而无法拨通客户电话号码通知收件造成的，在所有快递滞留件中，这类原因导致的快递滞留是最常见的。

（3）客户主动拒收。

一般来说，客户对快件拒收一般是在其和货物发货人达成约定的前提下进行的，一般是由于客户对在网上商城购买的商品不满意，或者快递运费承担方式未和商家协商好造成的，因此只要规定好拒收退回费用的承担细则，则可以接受客户的正常拒收。

3. 客观原因

除了上述原因之外，还有两类客观原因会导致派件的异常：首先，由于不同的快递公司物流体系的构成和覆盖范围不同，因此在派件的时候快递网点的服务范围不能够包含客户的实际所在地，而客户又无法短时间上门取件时，也会造成派件超时而产生派件异常。其次，很多客户预留的地址和联系方式都是正确的，但是在邻近配送时突发实际所在地的变更，而暂存需要时间超过附近暂存点提供的最大滞留时间，这种情况下也会产生派件异常的情况。

（二）派件异常处理的方法和原则

1. 及时性

快递派送对于时效性的要求较高，因此无论在哪一种快件派送异常情况下，都能够及时地向客服部门、营业部门负责人反映和备注相关信息。在派件异常情况处理中，有一些处理方式对时效性的要求较高，也有具体的及时性评估标准，如表4-15所示。

表 4-15　不同派件异常情况的处理时限

对应的派件异常情况	处理程序	时限
客户拒签	备案并上报营业部确认处理方案	1小时内
客户签收但追责	登记上报核实原因	1个工作日内
	确认责任和处理方式	3个工作日内
收派员发现错分	向营业部汇报并向收件人说明	6个小时内
	取回快递，再次派送	1个工作日内
地址信息错误或不详	收派员向营业部门投诉	0.5个工作日
	联系客户补足更正信息	1个工作日内
无法联系收件人	备案并报营业部确定处理方案	1个工作日内
超出派送范围	上报营业部并协商处理办法	3个工作日
客户搬迁、离职	确认新的收件信息	1个工作日
快件丢失	上报营业部并寻回快件	1个工作日

2. 详细记录

详细记录派件异常的原因和情况是为了更好的对派件异常情况进行精准地处理，部分派件异常情况对报备的信息详细度要求较高，具体标准如表4-16所示。

表 4-16　不同派件异常情况信息反馈要求

对应派件异常情况	需要备注并向营业部反馈的信息（或资料）
快件破损导致拒签或追责	单号、日期时间、外包装照片、填充和损坏物品照片、客户联系信息
收派员发现快件错分	单号、日期时间、错分件数、错分件照片、客户联系信息
一般拒付、拒收	单号、拒收原因、日期时间、拒收签字备注、客户联系信息
快件丢失寻回	日期时间、发现丢失地点、客户联系信息

3. 全力弥补

对于无法联系收件人、地址错误、错分等情况，要坚持做到尽可能地增加派送成功率，原则上"能派则派"；对于货损货差、派件滞留、快件丢失等情况，要坚持尽可能地减少客户的投诉。

4. 分级处理

派件异常时收派员或者保管员不能够越级处理，应该首先登记、备注，然后上报网点主管，由网点主管再上报上级部门进行原因调查，之后确认责任方，最后征求客户的意见之后进行处理。

5. 持续性

出现派件异常后，保证处理决定、处理方法、处理结果均落实后才能结束。

快递拒收　　快递破损　　快递送错　　快递退回

快递运单号相同　　派送异常快递处理案例　　派送异常快递处理案例介绍

二、计划

（一）目标

完成一次滞留件的异常处理。

（二）步骤

滞留件的异常处理工作步骤如表 4-17 所示。

表 4-17　滞留件的异常处理工作步骤

步骤序号	工作步骤
1	学生随机抽取滞留件
2	进入派件系统查询滞留件收件人信息
3	直接联系收件人提醒取件，或询问是否改派
4	多次联系不上收件人的滞留件，上报客服部尝试通过寄件人联系收件人，提醒取件或询问是否改派
5	联系无果的滞留件，上报客服部向寄件人确认是否寄回

三、执行

（一）执行准备

滞留件的异常处理执行记录如表 4-18 所示。

表 4-18　滞留件的异常处理执行记录

场地准备	设备准备	资料准备
快递实训中心	工作电话 1 台，电脑 1 台	教学课件、项目单、视频教学资料、网络教学资源、评分表、滞留件备选清单

（二）实施计划表

完成计划，并在下表"具体内容"一列中，回答"项目"列的问题。滞留件的异常处理执行记录如表 4-19 所示。

表 4-19　滞留件的异常处理执行记录

步骤序号	项目	具体内容
1	滞留件收寄件人信息查询记录	
2	与收件人沟通记录	
3	与客服部沟通记录	

四、检查评估

滞留件的异常处理评价表如表 4-20 所示。

表 4-20 滞留件的异常处理评价表

考核项目	评分标准	分数	扣分值 学生自评	扣分值 小组互评	扣分值 教师评价	扣分理由
活动参与	是否积极主动	10				
语言礼仪	与收件人的沟通是否礼貌规范	20				
语言礼仪	与寄件人的沟通是否礼貌规范	20				
沟通效率	与客服部的沟通是否流畅清晰	20				
沟通效率	与客服部的沟通是否流畅清晰	20				
信息处理	是否快速且准确查询并记录滞留件信息	10				
总分		100				
学生签名（互评）：			年 月 日			得分：
教师签名：			年 月 日			得分：

五、反思总结

在本任务的学习过程中，遇到了哪些困难？这些困难是如何解决的？

六、知识链接

在派件过程中，如果快件遭遇政府部门或市场监管部门查件或扣减，应该如何处理？

首先，当执法人员到场时，作为收派人员应该要求查看对方的执法人员证件。在核实对方人员身份后，配合政府部门进行检查。如果政府人员未主动出示证件，有权要求查看确保合法身份。

如果有快件被查扣，应该立即记录下被查扣快件的单号、执法部门的名称、执法人员的姓名或编号，并妥善保管相关快件被查扣的证明文件。如果执法人员没有开具证明文件，应主动要求他们提供。

在记录完相关信息后，应立即致电快递企业的营业部负责人和客服部，向他们报告被查扣的快件单号和查扣的路段。快递企业将会与相关部门协调解决，并与其保持沟通以了解后续的处理进展。

在整个过程中，非常重要的一点是不与执法人员发生争执和冲突。保持冷静、礼貌并合作，遵守他们的要求，以确保正常的执法程序进行。如果对方有不当行为或认为自己的权益受到了侵害，可以在事后咨询相关法律专家或消费维权组织，以寻求进一步的建议和帮助。

课后练习

1. 填空题

（1）快递派件异常的原因可以分为快递_____和_____的原因两类。

（2）预留地址信息错误或不详是一种派件异常情况，处理时可以通过_____进行补足和更正。

（3）快递派件异常处理的方法和原则包括_____原则、_____原则、_____原则、_____原则和_____原则。

2. 单选题

（1）快递破损且重量与运单上的重量不符，应该怎么处理？（　　）

A. 保管员对快件进行拍照登记并进行加固包装

B. 将快件带回营业部进行拍照登记并上报营业部

C. 立即上报营业部负责人及客服部，协助查找遗失件单号

D. 询问客户拒收的原因，并写上拒收原因和日期

（2）错派的快件应该如何处理？（　　）

A. 将情况及时上报营业部负责人，向客户致歉并说明错派的原因

B. 立即上报营业部负责人及客服部，如不知道遗失件单号请协助查找

C. 在不影响其他快件的情况下返回可能丢失快件的地方进行寻找

D. 在手持终端上备案，并将信息上报营业部备案

（3）预留地址信息错误或不详时，收派员应该如何处理？（　　）

A. 将快件带回营业部交保管员跟进

B. 向客服咨询遇到自己不熟悉的异常问题

C. 在不侵犯客户隐私条件下通过数据库等手段重新更正客户联系信息

D. 错派的快件须立刻上报营业部负责人及客服部，并报备异常

（4）在派件过程中无法联系收件人，收派员应该怎么做？（　　）

A. 输错电话号码时应在手持终端上备案并报营业部处理

B. 根据运单的电话联系收方客户，并询问详细地址和约定时间

C. 在不侵犯客户隐私的情况下通过数据库等手段重新更正联系方式

D. 将快件滞留在营业部，由保管员根据情况进行处理

（5）如果快件超出派送范围，应该如何处理？（　　）

A. 通知收件人自取或者增加费用由快递公司组织自有运力送达

B. 将快件滞留在营业部，由保管员根据情况进行处理

C. 向客户致电通知快件破损并征求客户解决问题的意见

D. 增加费用运送时通过拖车代派的方式进行配送

3. 简答题

（1）急需找一个已经错派的快件，作为派件员，你应该如何处理？请列出具体步骤。

（2）当收派员发现预留地址信息错误或不详时，应该如何处理？请描述处理的具体步骤。

情景 5　网点管理

情景导入

快递服务中心设施设备种类繁多，包含了快递打单机、快递扫描枪、出库高拍仪等各类设备。然而，由于长时间的使用和频繁的运转，这些设备出现了一些故障和损耗，导致网点运作效率下降，客户的投诉也随之增多。为了解决这一问题，公司决定加强对设施设备的维护管理。

另外，快递公司需要对其网点的成本进行核算和控制，以确保运营的可持续性和盈利能力。然而，目前公司对网点运营成本的掌控不够充分，导致难以进行合理的费用分析和成本控制。为了提高网点运作的经济效益，公司决定加强对成本的核算和管理。

同时，公司意识到员工的激励与考核对于网点管理的重要性。目前，网点员工的工作积极性和团队合作精神不足，导致服务质量下降。为了提高员工的工作积极性和团队凝聚力，公司决定设计和实施有效的激励与考核计划，以激励优秀员工、促进工作效率和提升客户满意度。

思考：
（1）如何进行设施设备的定期维护和故障处理？
（2）如何准确核算和控制网点的成本？
（3）如何设计激励与考核机制来提高员工的工作积极性？

知识架构

网点管理知识架构如图 5-1 所示。

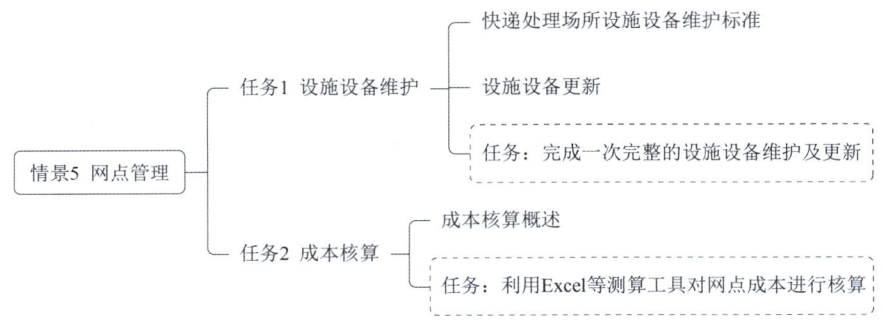

图 5-1　网点管理知识架构

任务 1　设施设备维护

项目描述

本项目旨在培养学生能够根据实际情况制订维护计划和细则，并按照计划进行设备的定期检查和维护，以确保设备的性能和可靠性。

学习目标

1. 知识目标

（1）熟悉快递设施设备的基本原理和工作原理。
（2）理解设备维护和保养的基本概念、方法和步骤。
（3）了解设备的常见故障和问题的诊断方法和排除技巧。
（4）了解设备的安全操作规程和维护标准。
（5）了解设备软件的更新和升级流程。

2. 能力目标

（1）能够定期检查设备的运行状态，发现并解决设备故障、异常和问题。
（2）能够进行设备的常规维护和保养，包括清洁、润滑、更换易损件等。
（3）能够识别设备的优化和改进机会，并提出相应的建议和措施。
（4）能够独立进行设备的调试和配置，确保设备能够按照要求正常运行。
（5）能够进行简单的数据备份和恢复操作，保障数据的安全和可靠性。
（6）能够与相关部门或供应商协调和沟通，以协助解决设备维护和故障修复事宜。

3. 素养目标

（1）具备敏锐的观察和分析能力，能够发现并解决设备问题。
（2）具备良好的团队合作和沟通能力，能够与同事共同解决设备维护问题。
（3）具备承受工作压力和应对紧急情况的能力，能够在紧急情况下迅速作出正确的处理和反应。
（4）具备细致和精确的工作态度，注重细节并保持良好的记录和文档管理。
（5）具备持续学习和自我提升的意愿，跟踪行业的技术发展和最佳实践，不断提升自身维护技能和知识水平。

学习内容

一、知识储备

（一）快递网点设施设备维护标准

快递企业宜具有固定的、易识别的营业场所，如搬迁或停业应通过各种渠道和有效方式告知用户，并及时上报邮政管理部门。

快递营业场所应满足以下要求：

（1）有企业标识，并配备必要的服务设施。

（2）有符合相关规定的消防设施。

（3）有符合相关规定的视频监控设备，做到工作区域全覆盖。

（4）提供各种业务单据和填写样本。

（5）在显著位置悬挂证明快递企业取得合法经营快递业务资格的《快递业务经营许可证》《工商营业执照》。

（6）在显著位置粘贴《禁寄物品指导目录》。

（7）悬挂场所名称牌和营业时间牌，标牌保持干净、整洁。

（8）在显著位置公布：服务种类；服务范围；资费标准；服务承诺；服务电话、电子邮箱和企业网址、监督投诉电话或者电子邮箱。

快递网点设施设备维护标准如表 5-1 所示。

表 5-1 快递网点设施设备维护标准

检查内容	检查要点	检查方法	维护方法
1. 消防设备	灭火器（标准：每 20 平方米配备 2～4 千克干粉灭火器；灭火器应在有效期内，指针指向绿区；灭火器位置应处于明显易见处，以悬挂、托架或消防箱方式放置，不得被覆盖）；消防通道（标准：应有明确指示的消防疏散通道，并不得被阻挡）	现场丈量网点场地面积；现场查看灭火器数量、指针、有效期、重量、类型、悬挂方式；现场沿消防疏散通道指示路线完整查看是否能抵达安全地点，有无阻挡	各部门灭火器材管理人每周检查一次灭火器材的数量和定位情况，每月检查一次灭火器压力表指针是否在正常区域。在寒冷、炎热、潮湿季节，要对消火栓、灭火器采取防冻、防晒、防潮措施；消防工作归口职能部门每半年对所有的小型灭火器材进行一次检查，对缺少的灭火器材进行补充，对锈蚀严重、压力不足、干粉结块的灭火器送具备法定资质的灭火器维修厂家进行维修

续表

检查内容	检查要点	检查方法	维护方法
2. 监控设备	（1）监控覆盖（标准：对角安装，确保所有区域无死角，包括营业场所内部、充电区、停车及装卸区）； （2）镜头性能（标准：红外摄像头）； （3）监控运行（标准：24小时运行，网点负责人及安全员掌握使用规范）	（1）现场查看所有营业场所内监控布局是否对角安装； （2）现场查看营业场所内部、充电区、停车及装卸区是否覆盖； （3）现场查看镜头技术文件； （4）抽2个镜头请监控操作人员回倒24小时；请网点负责人演示监控2个操作项目	每个月对设备的灰尘进行清理，扫净监控设备显露的尘土； 对老化的监控设备部件及时更换、维修； 对监控系统及设备的运行情况进行监控，分析运行情况，及时发现并排除故障； 每月定期对监控系统和设备进行优化：合理安排监控中心的监控网络需求，如宽带、IP地址等限制
3. 操作设备	（1）PDA（标准：机身和屏幕完好，无损坏痕迹，运行良好，系统时间正确，电量、电压充足，温度正常） （2）便携式打印机（打印机显示绿灯，或者打印机显示ready） （3）电子秤 （4）高拍仪	（1）每次使用前，都应该检查PDA机身和屏幕是否完好、有无损坏痕迹、运行是否良好，系统时间是否正确，电池电量、电压是否充足，温度是否正常； （2）打印机机身和屏幕是否完好、有无损坏痕迹 （3）高拍仪机身和屏幕是否完好、有无损坏痕迹，内存容量是否充足	在作业中，快递员要随身携带PDA，做到机不离身；禁止将PDA放置在车辆仪表台上，避免高温对PDA造成损坏；用PDA时，应注意轻拿轻放，远离磁场，严禁水浸、磕碰、跌落，防止尖锐物体戳击LCD显示屏； 要选用质量好的色带；保证安装到位并且安装合理
4. 车辆	（1）二轮车 （2）三轮车 （3）四轮车	认真执行槽车日常检查和维护保养，经常检查平安附件（平安阀、压力表、液位计、增压器、紧急切断阀、连接接头、管道阀门、导静电装置等）性能，是否泄漏、损伤等，保证性能完好	车辆定期检测，建立车辆日常维护保养制度，督促驾驶员坚持做好车辆日常维护（例保）、检查和一级维护（一保），保证仪表、信号、平安装置齐全有效，保证车容整洁、车况良好，不准车辆带故障运行； 车辆保养维护里程达到保养公里数，就要进行保养

（二）设施设备更新

（1）设备清洁和保养：定期对快递设备进行清洁和保养，包括清除灰尘、污垢，润滑机械部件，检查和更换易损件等，以确保设备正常运行和延长使用寿命。

（2）设备检测和调试：定期对快递设备进行检测和调试，检查设备的各项功能是否正常，是否需要调整或校准。确保设备在工作时能准确、高效地完成任务。

（3）电力和能源管理：监控设备的电力供应和能源消耗情况，确保设备的稳定供电和合理能源利用，修复电路故障、更换电池等。

（4）系统和软件更新：定期更新设备的操作系统、固件和相关软件，以确保设备具备最新的功能和安全性，修复软件漏洞和错误。

（5）安全保护和防护系统：维护安全保护和防护系统，包括监控摄像头、门禁系统、防火系统等，确保设施设备的安全，并及时修复任何安全漏洞或损坏。

（6）数据备份和恢复：定期进行数据备份，以防止数据丢失和系统故障，同时建立恢复机制，以便在设备故障时能够迅速恢复数据和系统功能。

（7）培训与知识更新：为员工提供设备的正确使用和维护方面的培训，保持员工对设备操作和维护的技能和知识的更新，以优化设备的使用效果。

快递网点常见设施设备如表5-2所示。

表 5-2　快递网点常见设施设备

 消火栓/灭火器	 监控设备	 PDA（手持终端）
 便携式打印机	 电子秤	 高拍仪

情景5　网点管理　183

二、计划

（一）目标

完成一次完整的设施设备维护及更新。

（二）步骤

设施设备维护及更新步骤如表 5-3 所示。

表 5-3　设施设备维护及更新步骤

步骤序号	工作步骤
1	分成工作小组，3~5 人一组，分组轮流实训
2	检查设施设备表面整洁
3	检查设施设备结构稳定性、运行平稳性
4	设施设备更新
5	设施设备维护

三、执行

（一）执行准备

设施设备维护及更新执行准备如表 5-4 所示。

表 5-4　设施设备维护及更新执行准备

场地准备	设备准备	资料准备
快递操作实训室	灭火器、PDA、高拍仪、监控设备、便携式打印机等	教学课件、项目单、记录表、视频教学资料、网络教学资源、评分表

（二）实施计划表

完成计划，并在下表"具体内容"一列中，回答"项目"列的问题。设施设备维护及更新实施计划表如表 5-5 所示。

表 5-5　设施设备维护及更新实施计划表

步骤序号	项目	具体内容
1	设施设备有哪些？	
2	设施设备功能是否正常并做好清洁保养？	
3	设施设备在什么情况下需要进行更新？	
4	检查设施设备需要多长时间？	
5	设施设备维护过程中，是否有优化的过程？	

四、检查评估

设施设备维护分析评价表如表 5-6 所示。

表 5-6　设施设备维护分析评价表

考核项目	评分标准	分数	扣分值 学生自评	扣分值 小组互评	扣分值 教师评价	扣分理由
职业素养	具有良好的沟通交流能力	10				
职业素养	具有良好的团队合作精神	10				
职业素养	具有良好的专业行为规范	10				
知识素养	熟悉设施设备的维护流程	10				
知识素养	熟悉设施设备的操作规范	20				
职业技能	掌握检查设施设备的技巧	20				
职业技能	能够流畅地完成设施设备维护的操作流程	20				
	总分	100				
学生签名（互评）：			年　　月　　日			得分：
教师签名：			年　　月　　日			得分：

五、反思总结

在本任务的学习过程中，遇到了哪些困难？这些困难是如何解决的？

课后练习

1. 填空题

（1）常用的灭火剂有_____和_____。

（2）"装卸"是指以_____为主的实物运动形式，"搬运"是指以_____为主的实物运动形式。

（3）汽车通常由_____、_____、_____和四个部分组成。

（4）货架的基本功能是_____和_____。

（5）载货汽车按用途可以分为_____、_____和_____三类。

2. 选择题

（1）下列不属于装卸搬运设备的是（　　）。

A. 分拣设备

B. 托盘

C. 起重堆垛设备

D. 带式输送机

（2）层架按照存储货物的（　　）分类，分为轻型、中型和重型。

A. 规格

B. 型号

C. 复杂性

D. 重量

（3）货架的基本功能是（　　）。

A. 便于存储规格复杂多样的货物

B. 有效保护货物

C. 提高仓库空间的利用率

D. 减少装卸搬运的投入

（4）以下选项中，属于物流基础设施的是（　　）。

A. 叉车

B. 集装箱

C. 托盘

D. 物流基础信息平台

（5）下列不属于装卸搬运设备的是（　　）。

A. 分拣设备

B. 托盘

C. 起重堆垛设备

D. 带式输送机

3. 问答题

（1）如何理解物流设施及设备在物流系统中的地位及作用？

（2）什么是货架？货架由哪些部分组成？

任务 2　成本核算

项目描述

本项目旨在培养学生网点成本核算能力，并培养良好的思维方式和合作能力。

学习目标

1. 知识目标

（1）了解快递成本核算的基本原理和方法。

（2）掌握快递成本的组成部分，如人力资源成本、运输成本、仓储成本等。

（3）熟悉快递行业的相关法规政策，如劳动法、税法等。

2. 能力目标

（1）能够收集和整理快递业务相关的数据，用以计算成本。

（2）具备运用成本核算工具和软件进行成本分析的能力。

（3）能够根据成本分析结果进行决策和制定成本控制策略。

3. 素养目标

（1）具备良好的数据分析和逻辑思维能力，能够准确理解、计算和解释成本数据。

（2）具备团队协作意识和沟通能力，能够与团队成员协作进行成本核算工作。

（3）具备责任意识和风险意识，能够主动识别和解决与成本核算相关的问题。

学习内容

一、知识储备

（一）成本核算概述

快递成本核算是指对快递业务的成本进行明细化计算和分析的过程。在快递行业中，成本核算是非常重要的，因为它直接影响企业的盈利能力和竞争力。

快递成本的核算主要包括以下几个方面：

（1）运输成本：包括运输车辆的燃油费用、车辆维护、司机工资等。

（2）仓储成本：指快递仓库的租金、设备采购与维护费用、仓库人员工资等。

（3）人力成本：包括快递员工资、管理人员工资、培训费用等。

（4）材料成本：指快递包装材料、封箱胶带、保护材料等的采购成本。

（5）投诉与赔偿成本：包括处理客户投诉和赔偿的成本。

（6）系统与技术成本：指快递企业的信息系统、技术设备采购与维护的成本。

为了进行快递成本核算，快递企业需要建立相应的成本核算体系，并收集、处理和分析相关的成本数据。通过对成本的有效管理和控制，企业可以提高运营效率，降低成本，提升竞争力。

课内思考

如何选用合适的计算方法？

素养园地

快递行业系列深度之成本篇

快递的盈利分析框架：核心关注单量、单价、单件成本等三个因素

利润=单量×（单价−单件成本）

快递成本主要三方面：派费成本+干线成本+中转成本

派费成本：当前单件 1.1~1.4 元

目的地转运中心完成分拣后，由负责该派送区域的加盟商接收快件并安排将快件送达收件人，派件费由总部支付给下游加盟商，同时向上传导。

此项对快递总部盈利影响不大。

干线成本：当前单件 0.5~0.6 元

总部为通过航空、汽运或铁路等干线运输方式实现从始发地转运中心至目的地转运中心间的运输所支付的成本。

此项影响快递总部盈利。

中转成本：当前单件 0.3~0.4 元

总部为始发地转运中心对揽件加盟商运送的进港快件进行称重、拆包、分拣、建包，以及目的地转运中心对进港快件进行拆包并根据不同的加盟商派送区域进行分拣所支付的成本。

此项影响快递总部盈利。

以中通快递为例，快递履约全程由揽收、中转、运输、派送构成。

上游驱动方面：实体网购成长性仍在，直播电商空间广阔、增速可观。

直播带货市场已经经历高增速阶段，已具备可观市场规模。根据网经社《2022 年（上）中国直播电商市场数据报告》，我国直播电商行业市场规模 2017—2021 年复合增速 231.1%，渗透率由 2017 年 0.27% 提升至 18.0%，预计 2022 年市场规模同比增长 47.7% 至 3.49 万亿元，渗透率进一步提升至 24.1%。根据星图数据统计，2022 年双十一期间（10 月 31 日 20：00—11 月 11 日 23：59）综合电商平台总计销售额为 9 340 亿元，同比增长 2.9%，直播电商销售额为 1 814 亿元，同比大增 146.1%。

高增长态势有望延续。在 2021 年快手电商引力大会中，快手电商负责人笑古表示至 2025 年全国直播电商市场规模可达 6 万亿元，据此推算 21−25E 复合增速

26.3%；此外北京市经济和信息化局、北京市商务局也于 2022 年内联合发布《北京市数字消费能级提升工作方案》，提出到 2025 年北京市直播电商成交额超过 2 万亿元。

规模效应：行业及头部单量还有成长，有望摊低单票成本。

快递单包裹货值方面：持续下行，带来快递单量相对电商网购 GMV 超额增长。

快递单包裹货值持续下行。我们以累计实体网购零售额除以累计快递单量测算，2017 年快递单包裹货值 136.82 元，2022 年前 10 月单包裹货值 105.16 元。

网址：https：//m.sohu.com/a/620779287_121123887/

二、计划

（一）目标

利用 Excel 等测算工具对网点成本进行核算。

（二）步骤

网点成本核算步骤如表 5-7 所示。

表 5-7 网点成本核算步骤

步骤序号	工作步骤
1	获取关于快递网点成本数据
2	进行数据预处理
3	使用 Excel 进行数据分析

三、执行

（一）执行准备

网点成本核算执行准备如表 5-8 所示。

表 5-8 网点成本核算执行准备

场地准备	设备准备	资料准备
快递实训中心	台式电脑、Office2010 及以上版本（或 WPS）	教学课件、项目单、记录表、视频教学资料、网络教学资源、评分表

（二）实施计划表

完成计划，并在下表"具体内容"一列中，回答"项目"列的问题。网点成本核算实施计划表如表 5-9 所示。

表 5-9　网点成本核算实施计划表

步骤序号	项目	具体内容
1	快递网点成本数据包含哪些字段	
2	此数据中是否包含缺失值？是否包含重复项	
3	请对数据进行描述性统计分析，并将指标值填在右侧	

四、检查评估

网点成本核算分析评价表如表 5-10 所示。

表 5-10　网点成本核算分析评价表

考核项目	评分标准	分数	扣分值 学生自评	扣分值 小组互评	扣分值 教师评价	扣分理由
职业素养	具有良好的沟通交流能力	10				
职业素养	具有良好的团队合作精神	10				
职业素养	具有良好的专业行为规范	10				
知识素养	熟悉网点成本组成	10				
知识素养	熟悉网点成本核算方法	20				
职业技能	掌握网点成本核算方法	20				
职业技能	能用相关方法进行成本控制	20				
总分		100				
学生签名（互评）：			年　月　日			得分：
教师签名：			年　月　日			得分：

五、反思总结

在本任务的学习过程中，遇到了哪些困难？这些困难是如何解决的？

课后练习

1. 选择题

（1）（　　）是物流成本管理的中心环节。

A. 物流成本核算

B. 物流成本控制

C. 物流成本分析

D. 物流成本预测

（2）我国的社会物流成本划分为（　　）分别进行核算。

A. 运输费用、保管费用、管理费用三大部分

B. 运输费用、保管费用二大部分

C. 运输费用、保管费用、配送费用三大部分

D. 运输费用、装卸费用、配送费用三大部分

2. 简答题

（1）降低物流成本的途径有哪些？

（2）如何对包装费用进行管理？

（3）配送成本控制的意义和方法有哪些？

情景 6　网点数据分析

情景导入

地点：校园快递网点

数据来源：网点后台数据平台

数据类型：快递公司、快递单号、入库时间、出库时间、取件码、出入库号码。

分析：根据快递网点后台数据平台所提供的数据，可以进行多个维度的数据分析。如收寄、派件服务水平、客户投诉分析等。

知识架构

网点数据分析知识架构如图 6-1 所示。

```
                                    ┌─ 快递网点数据类型
                                    │
                                    ├─ 数据分析常用基础方法
                                    │
                    ┌─ 任务1 网点数据分析 ┼─ 数据分析流程
                    │               │
                    │               ├─ Excel数据分析基础
                    │               │
情景6 网点数据分析 ─┤               └─ ┆任务：分析快递网点业务数据┆
                    │
                    │               ┌─ 数据分析报告
                    │               │
                    └─ 任务2 网点月度报告 ┼─ 数据可视化
                                    │
                                    └─ ┆任务：根据任务的数据结果，撰写网点月度数据分析报告┆
```

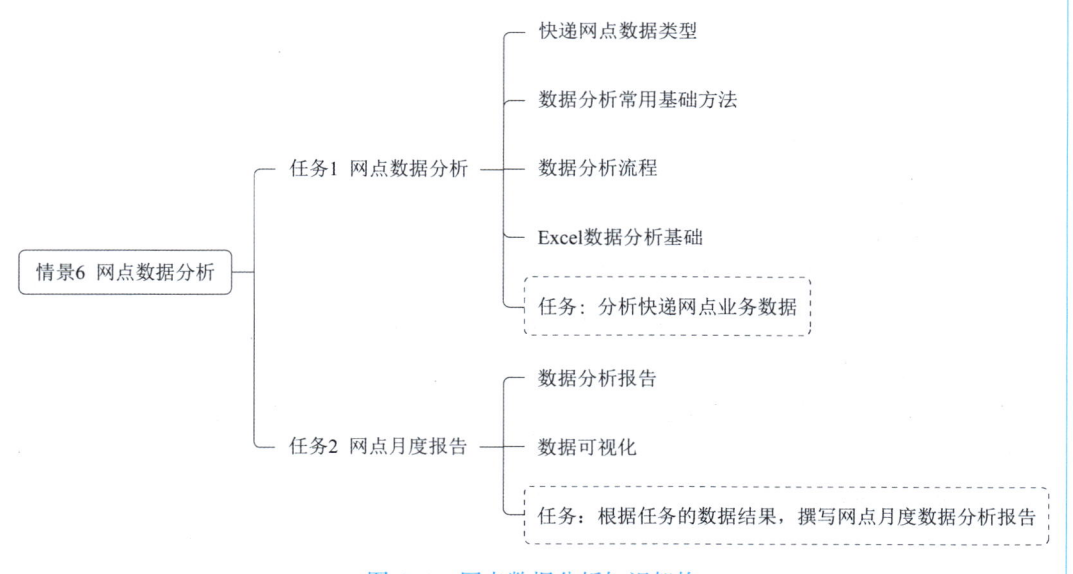

图 6-1　网点数据分析知识架构

任务 1　网点数据分析

项目描述

本项目旨在加深学生对快递网点数据的了解，培训学生具备基本的数据分析能力。

学习目标

1. 知识目标

（1）了解网点数据有哪些。
（2）了解数据分析的基础方法。
（3）了解无数据分析的流程。

2. 能力目标

能够使用 Excel 进行数据分析。

3. 素养目标

（1）培养学生认真负责的工作态度和严谨务实的工作作风。
（2）培养学生履职尽责、实事求是的工作能力。

学习内容

一、知识储备

（一）快递网点数据类型

1. 业务数据

快递网点业务数据可以反映此网点的包裹流量、可以用于分析此网点的滞留件情况等。包含：快递品牌、运单号、出入库时间、取件码、出入库号码等。

2. 服务数据

快递网点服务数据可以反映此网点的服务水平。包含：客户投诉、异常件判定与处理等。

3. 管理数据

快递网点管理数据可以反映此网点的设备管理水平以及人员管理水平。包含：设备编号、设备维护时间、设备维护价格、员工工资、员工奖励绩效、员工绩效处罚等。

（二）数据分析常用基础方法

1. 描述性统计

描述性统计是指运用制表、分类、制图以及计算概括性数据来描述数据特征的各项活动。描述性统计分析要对调查总体所有变量的有关数据进行统计性描述，主要包括数据的频数分析、集中趋势分析、离散程度分析、分布以及一些基本的统计图形。描述性统计包括计算描述性统计量和绘制数据分布图。

2. 推断性统计

推断性统计是研究利用样本数据来推断总体特征的统计方法。比如，要了解一个地区的人口特征，不可能对每个人的特征进行测量，而对产品的质量进行检验往往是破坏性的，因而也不可能对每个产品进行测量。这就需要抽取部分个体即样本进行测量，然后根据获得的样本数据对研究总体特征进行推断，这就是推断性统计要解决的问题。

推断性统计的步骤包括：参数检验，拟合优度检验，参数估计，非参数估计，列联表分析，抽样分布。

3. 统计模型

统计模型是指以概率论为基础，采用数学统计方法建立的模型。有些过程无法用理论分析方法导出其模型，但可通过试验测定数据，采用数理统计法求得各变量之间的函数关系。

常用的统计模型有回归分析模型、时间序列分析模型、综合评价模型、广义可加模型、关联分析模型、社会网络分析模型等。

（三）数据分析流程

数据分析流程如图 6-2 所示。

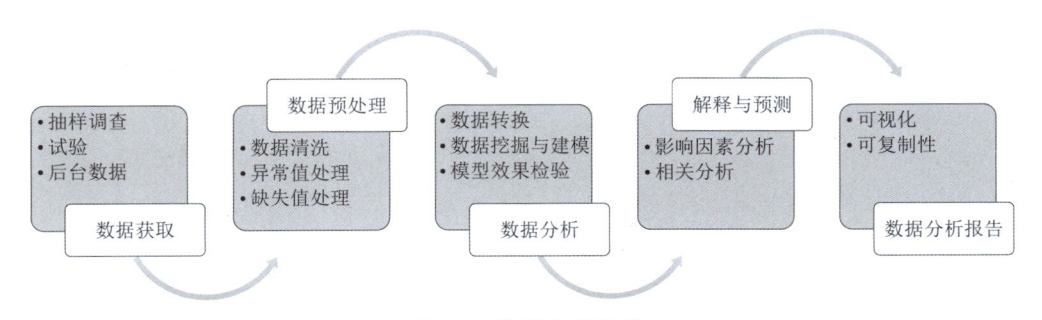

图 6-2　数据分析流程

（四）Excel 数据分析基础

Excel 是微软办公软件套装的重要组成部分，它具有数据处理、统计分析和辅助决策功能，广泛地应用于管理、统计、财经、金融等众多领域。

Excel 基本功能如图 6-3 所示。

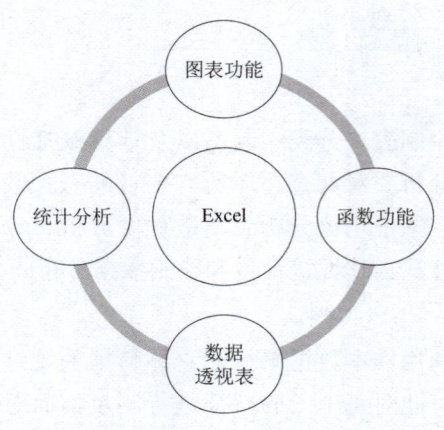

图 6-3　Excel 基本功能

> 🛫 **素养园地**

【数据安全】厦门银行涉嫌 23 项违法行为被罚 764 万元

2023 年 1 月 30 日，中国人民银行福州中心支行公布福银罚决字〔2023〕10 号行政处罚决定书，对厦门银行违反个人金融信息保护规定、违反信息披露管理规定、向金融信用信息基础数据库提供个人不良信息未事先告知信息主体本人等 23 项违法行为予以警告，没收违法所得 767.17 元，并处罚款 764.6 万元的行政处罚。

随着数字化时代的到来，数据已经成为国家基础战略资源，涵盖经济社会、国防安全发展等各个领域。然而，当前数据泄露问题愈演愈烈，个人信息安全面临严峻威胁。我国逐渐形成以《民法典》为基础，《个人信息保护法》为核心，《消费者权益保护法》《网络安全法》《数据安全法》等为重要组成部分的个人信息保护法律体系，民众的个人隐私安全保护意识也在逐步提高。

来源：

https://baijiahao.baidu.com/s?id=1762233193494852107&wfr=spider&for=pc

二、计划

（一）目标

分析快递网点业务数据。

（二）步骤

网点数据分析工作步骤如表 6-1 所示。

表 6-1　网点数据分析工作步骤

步骤序号	工作步骤
1	获取快递网点业务数据
2	进行数据预处理
3	使用 Excel 进行数据分析

三、执行

（一）执行准备

网点数据分析执行准备如表 6-2 所示。

表 6-2　网点数据分析执行准备

设备准备	资料准备
台式电脑、Office 2010 及以上版本（或 WPS）	教学课件、项目单、视频教学资料、网络教学资源

（二）实施计划表

完成计划，并在下表"具体内容"一列中，回答"项目"列的问题。网点数据分析实施计划表如表 6-3 所示。

表 6-3　网点数据分析实施计划表

步骤序号	项目	具体内容
1	快递网点业务数据包含哪些字段	
2	此数据中是否包含缺失值？是否包含重复项	
3	请对数据进行描述性统计分析，并将指标值填在右侧	

四、检查评估

网点数据分析评价表如表 6-4 所示。

表 6-4　网点数据分析评价表

考核项目	评分标准	分数	扣分值 学生自评	扣分值 小组互评	扣分值 教师评价	扣分理由
团队合作	是否协调	10				
活动参与	是否积极主动	10				
数据获取	是否全面	20				
数据预处理	是否全面进行数据预处理	30				
数据分析	是否全面计算描述性指标	30				
总分		100				
学生签名（互评）：			年　月　日			得分：
教师签名：			年　月　日			得分：

情景 6　网点数据分析

五、反思总结

在本任务的学习过程中,遇到了哪些困难?这些困难是如何解决的?

六、知识链接

数据分析思维如图 6-4 所示。

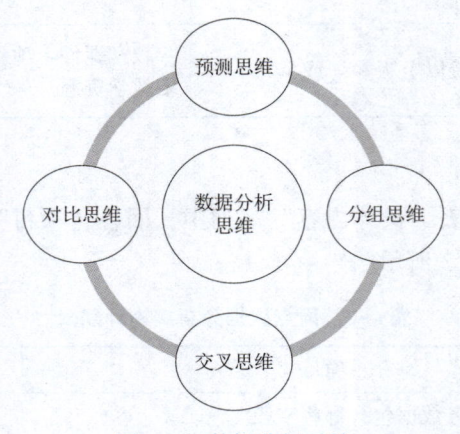

图 6-4 数据分析思维

课后练习

1. 选择题

Excel 中用于求和的函数是（　　）。

A. SUM

B. AVERAGE

C. IF

D. VLOOKUP

2. 简答题

请简述数据分析的流程。

任务2　网点月度报告

项目描述

本项目旨在培养学生撰写数据分析报告的能力。

学习目标

1. 知识目标

（1）了解数据分析报告的基本格式。

（2）了解数据可视化。

2. 能力目标

（1）能够选择合适的图表可视化数据。

（2）能够撰写数据分析报告。

3. 素养目标

（1）培养学生认真负责的工作态度和严谨务实的工作作风。

（2）培养学生履职尽责、实事求是的工作能力。

学习内容

（1）数据分析报告。

（2）数据可视化。

一、知识储备

（一）数据分析报告

数据分析报告是对数据分析结果的展示，具有导向性。数据分析报告要具有应用性，能够对管理改进提供指导性意见。数据分析报告要求依据充分、数据真实、逻辑清晰、内容完整、简洁规范。一份数据报告中，要包含封面、标题、摘要、正文以及附件几个部分。

数据分析报告的组成如图6-5所示。

1. 封面

数据分析报告的封面至少应包括标题、作者、作者单位、报告时间等几方面信息。

2. 标题

标题由地点、项目实施时间、项目名称构成，如"××快递网点××年××月服务水平分析报告"。

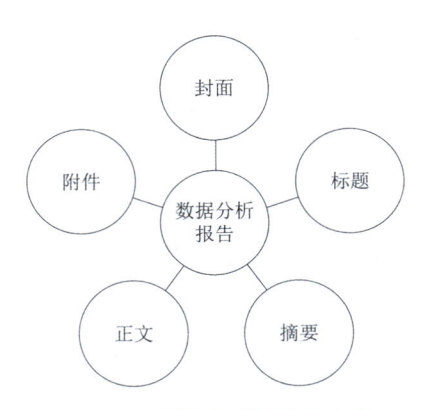

图 6-5　数据分析报告的组成

3. 摘要

摘要是对数据分析报告主要内容的概括，撰写时要注意观点明确、文字简洁、结论清晰。

4. 正文

正文一般应包括：项目背景、数据分析目的和结论总结三个部分。数据分析时，要保证整个分析过程的严谨性，做到每一个结论都有痕迹可循，有证据可循，分析与结论环环相扣，从根本上保证报告的逻辑性和科学性。写结论时，表面数据结果不能作为结论。必须结合对业务的理解，交叉分析不同类别的数据，以发现问题和诱因，并给出解决方案和建议。

5. 附件

附件一般是数据分析报告的补充性资料，如统计数据汇总表等，如果数据来源是问卷调查，附件部分还应包括问卷调查的原问卷。

（二）数据可视化

通过图表的方式呈现数据的绝对和相对变化情况，直观、清晰、简单，对比性强可读性强，是表达信息的重要手段。数据可视化主要旨在借助于图形化手段，清晰有效地传达与沟通信息。对于表 6-5 所示的原始数据，可以绘制不同的图形。根据数据分析目标，选择合适的图形进行分析结果可视化展示。

表 6-5　原始数据

类别	销售量	日期
A	84	2022-01-01
A	66	2022-02-01
A	14	2022-03-01
A	5	2022-04-01
B	13	2022-01-15

续表

类别	销售量	日期
C	54	2022-02-13
D	34	2022-05-02
D	62	2022-06-20
E	29	2022-02-15
E	23	2022-03-30
F	91	2022-01-11
F	80	2022-04-12
G	93	2022-05-19
H	83	2022-01-01
I	31	2022-01-15

1. 直方图

直方图将数据取值范围分成若干区间，显示统计数据落在每个区间的频率和频次。以区间长度为宽，以频率或者频次为高，绘制每个区间的矩形，即可获得直方图。直方图示例如图 6-6 所示。

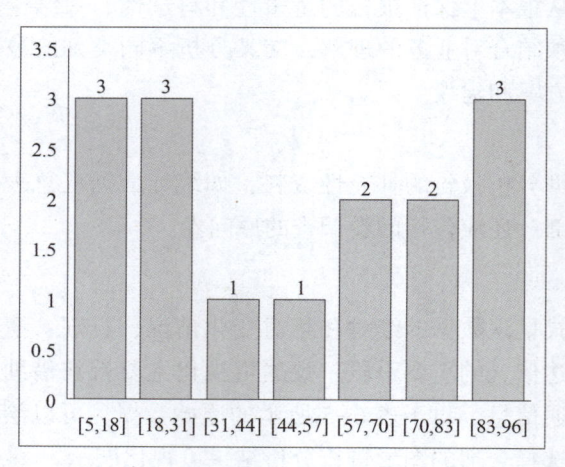

图 6-6　直方图示例

2. 箱线图

箱线图能够直观简洁地展示数据分布的主要特征。

在箱线图中，上、下四分位数分别确定中间箱体的顶部和底部。箱体中间的粗线是中位数所在的位置。如下图中，70.5 是上四分位数、11.75 是下四分位数、40 是中位数、42.25 是均值。

由箱体向上、下伸出的垂直部分称为"触须"，表示数据的散布范围。非异常值数据的最大值和最小值分别构成了箱线图的上边缘和下边缘。

如下图中，数据的上、下边缘分别是 84 和 5，数据的散布范围 [5, 84]。
箱线图示例如图 6-7 所示。

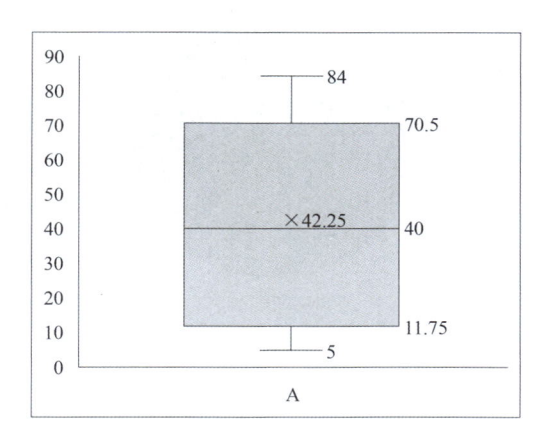

图 6-7　箱线图示例

3. 折线图

折线图常用于显示数据随时间或者有序类别变化的趋势。

在折线图中，横轴表示时间或者有序类别，纵轴表示数据点的数值大小，将每个数据点描绘在图中的对应位置，并通过线段连接，即可获得折线图。折线图示例如图 6-8 所示。

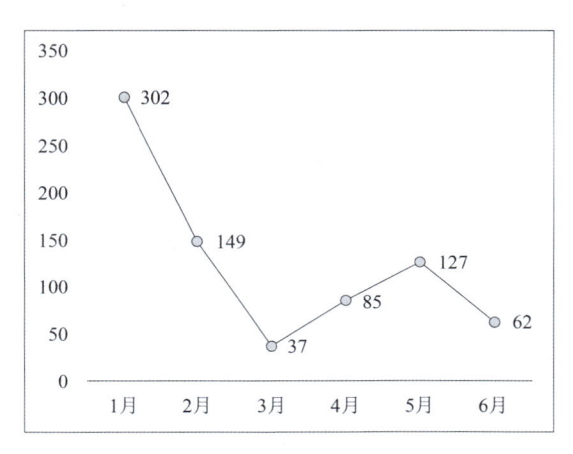

图 6-8　折线图示例

4. 饼图

饼图是利用圆形及圆内扇形面积来表示数值大小的图形。饼图常用于显示总体中各组成部分所占的比重。

饼图示例如图 6-9 所示。

情景 6　网点数据分析　　203

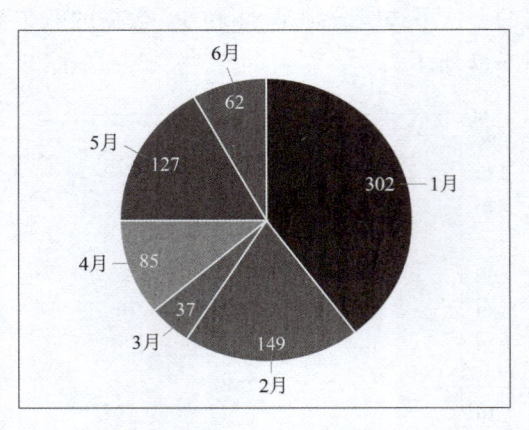

图 6-9　饼图示例

🛪 素养园地

【数据安全】数据安全关乎国家安全，已成为国家战略资源

大数据时代模糊了涉密数据和非涉密数据的绝对界限，碎片化数据、模糊化数据等传统意义上被认为安全的数据，但在大数据时代，将海量的碎片化、模糊化数据汇聚到一起，即使这些数据在公开之前经过了精心的脱密处理，通过深入的大数据关联分析，也可以洞察到隐藏在大数据表象背后的重要情报。

2007 年 3 月，美国海军部情报局发布了《中国海军 2007》内部手册，其内容主要来自 China's Maritime Strategy，The Great Wallat Sea：China's Navy Enters the Twenty-First Century，《中国国防白皮书》《中国海军百科全书》《海军大辞典》等国内外出版的公开资料。与传统的美国海军作战手册相比，手册中并没有各种舰船的清单和图解，但却详细介绍了中国海军的组织体制、领导层、政治工作制度、海军军事学术，以及海军的人力系统、部队训练、对外交往、武器装备等内容。

海湾战争中，"沙漠风暴"行动的前 30 个小时，美国海军陆战队第一远征军的指挥机构就收到 130 万份电子文件。在海湾战争和伊拉克战争打响前，美军正是通过数据化思维，在作战实验室里对作战方案进行多次模拟，并根据计算结果进行修改完善，最终获得了战争的胜利。未来信息化战争将是陆、海、空、天、电等多维空间的一体化联合作战行动，参战的军兵种多、武器装备种类多、作战样式多，作战协同十分复杂。如果对编制、装备、人员、时间、区域、距离等数据缺乏定量分析和精确计算，就不可能有科学的决策。

数据安全在国家安全领域范畴不仅仅体现在军事安全，实际上，数据已经与政治安全、经济安全、文化安全共同成为国家安全的重要组成部分。

以疫情为例，2020 年年初的疫情爆发之后，大数据在中国政府、互联网、电信、工业、金融、健康医疗等行业均提供了强有力的支撑。其中，应急指挥平台、疫情防控大数据平台等成为疫情下政府大数据建设的重点；电信大数据支撑服务疫情态势研判、疫情防控部署以及对流动人员的疫情监测，助力相关部门精准施策；工业大数据解决疫情下物资流通、企业复工复产等问题。大数据的有效运用，为中国打赢"疫情战争"、维护社会和经济稳定、维护国家各领域安全作出了重要贡献。

来源：https://dblab.xmu.edu.cn/post/2022122001/

二、计划

（一）目标

根据任务 1 的数据分析结果，撰写网点月度数据分析报告。

（二）步骤

网点月度报告工作步骤如表 6-6 所示。

表 6-6　网点月度报告工作步骤

步骤序号	工作步骤
1	制作数据分析报告封面
2	完成数据分析报告正文
3	完成数据分析报告摘要
4	添加附件

三、执行

（一）执行准备

网点月度报告执行准备如表 6-7 所示。

表 6-7　网点月度报告执行准备

设备准备	资料准备
台式电脑、Office2010 及以上版本（或 WPS）	教学课件、项目单、视频教学资料、网络教学资源

（二）实施计划表

完成计划，并在下表"具体内容"一列中，回答"项目"列的问题。网点月度报告实施计划表如表 6-8 所示。

表 6-8　网点月度报告实施计划表

步骤序号	项目	具体内容
1	数据分析报告标题是？	
2	选择什么图形进行可视化展示？	
3	添加了什么内容到附件？	

四、检查评估

网点月度报告评价表如表 6-9 所示。

表 6-9　网点月度报告评价表

考核项目	评分标准	分数	扣分值 学生自评	扣分值 小组互评	扣分值 教师评价	扣分理由
团队合作	是否协调	10				
活动参与	是否积极主动	10				
报告封面	信息是否全面，标题是否标准	20				
报告摘要	是否简洁准确	30				
报告正文	结论是否清晰，图形选择是否合适	30				
	总分	100				
学生签名（互评）：				年　　月　　日		得分：
教师签名：				年　　月　　日		得分：

五、反思总结

在本任务的学习过程中，遇到了哪些困难？这些困难是如何解决的？

六、知识链接

撰写数据报告应遵循以下原则：

1. 规范性原则

数据分析报告中所使用的名词术语一定要规范，标准统一，前后一致，基本上要与前人所提出的相一致。

2. 重要性原则

数据分析报告一定要体现项目分析的重点，在项目各项数据分析中，就应该重点选取真实性、合法性指标，构建相关模型，科学专业地进行分析，并且反映在分析结果中对同一类问题的描述中，也要按照问题的重要性来排序。

3. 谨慎性原则

数据分析报告的编制过程一定要谨慎，体现在基础数据须要真实完整，分析过程须要科学合理全面，分析结果可靠，建议内容实事求是。

4. 鼓励创新原则

科技是在不断发展进步的，必然有创新的方法或模型从实践中摸索总结出来，数据分析报告要将这些创新的想法记录下来，发扬光大。

网址：https://zhuanlan.zhihu.com/p/53857057

课后练习

1. 请简述数据分析报告应该包含的内容。

2. 要在数据分析报告中展示 1 年 12 个月份销售额变化的情况，宜采用哪一种图形？（　　）

   A. 饼图

   B. 直方图

   C. 折线图

   D. 箱线图

参 考 文 献

[1] 闫靖，陈丽. 快递管理实务（第2版）[M]. 北京：北京航空航天大学，2021.

[2] 国家邮政局：快递业务操作与管理 [M]. 北京：人民交通出版社，2011.

[3] 人力资源和社会保障部教材办公室，快递业务员：初级 [M]. 北京：中国劳动社会保障出版社，2010.

[4] 人力资源和社会保障部教材办公室，快递业务员：中级 [M]. 北京：中国劳动社会保障出版社，2010.

[5] 人力资源和社会保障部教材办公室，快递业务员：高级 [M]. 北京：中国劳动社会保障出版社，2010.

[6] 国家邮政局职业技能鉴定指导中心，快递业务员（初级）快件处理 [M]. 北京：人民交通出版社，2009.

[7] 国家邮政局职业技能鉴定指导中心，快递业务员（初级）快件收派 [M]. 北京：人民交通出版社，2009.

[8] 国家邮政局职业技能鉴定指导中心，快递业务员（高级）快件处理 [M]. 北京：人民交通出版社，2009.